10인 10색
마음 요리

사랑이 꽃피는 푸놀치
행복나무

푸드표현예술치료 전문가의

트라우마, 불안, 우울, 내면아이, 꿈을 요리하는

행복과 감사의 힐링 레시피

10인 10색
마음 요리

푸드표현예술치료 전문가의
트라우마, 불안, 우울, 내면아이, 꿈을 요리하는
행복과 감사의 힐링 레시피

한국푸드표현예술치료협회 전문가 편
김민용 강둘순 강민주 김영애 이경숙 장기덕
최진태 한연희 한은혜 김지유

도서출판 더로드
The Road Books

"너무 잘하려고 애쓰지 마. 그래,
여기까지 참 잘해 왔다"

자세히 보면 예쁘다, 너도 그렇다. 제각각의 다양한 모양과 색을 가진 자연의 모습은 정말 자세히 보면 너무나 예쁘고 특별하다. 우리 사람도 자연의 일부로 모두 특별하고 아름다운 소중한 존재라는 생각을 한다.

삶의 치유예술, 푸드표현예술치료를 활용한 힐링 에세이 〈10인 10색 마음요리〉 책이 드디어 나왔다. 책을 출판하기 위해 푸드표현상담 전문가 선생님들의 다양한 마음을 만나면서 나의 마음 또한 파도타기를 하는 듯하였다.

이때 나를 위로한 글이 나태주 시인의 시 〈너, 너무 잘하려고 애쓰지 마라〉였다.

<너, 너무 잘하려고 애쓰지 마라>

너, 너무 잘하려고 애쓰지 마라.
오늘 일은 오늘 일로 충분했다.
조금쯤 모자라거나 비뚤어진 구석이 있다면
내일 다시 하거나 내일 다시 고쳐서 하면 된다.

조그만 성공도 성공이다.
그만큼에서 그치거나 만족하라는 말이 아니고
작은 성공을 슬퍼하거나
그것을 빌미 삼아 스스로를 나무라거나
힘들게 하지 말라는 말이다.

나는 오늘도 많은 일들과 만났고
견딜 수 없는 일들까지 견뎠다.
나름대로 최선을 다한 셈이다.
그렇다면 나 자신을 오히려 칭찬해주고
보듬어 껴안아줄 일이다.

오늘을 믿고 기대한 것처럼

내일도 믿고 기대해라.

오늘의 일은 오늘의 일로 충분했다.

너, 너무도 잘하려고 애쓰지 마라.

-나태주 시인의 詩를 옮겨 적다-

한국푸드표현예술치료협회가 탄생하고 이제 10여년 이 지났다.
푸드표현예술치료는 통합적 심리치료의 관점에서 새로운 표현
예술치료의 한 장르로 이론적 체계를 갖추며 상담을 하는 사람
들에게 내담자들의 마음의 문을 여는 좋은 도구가 되었다고 호
평을 받아 왔다. 그 첫 번째 결과물이 2011년 발간된 〈푸드표현
예술치료의 이해와 실제〉였다. 상담학회 연차대회에서 '푸드표
현예술치료란 무엇인가?'를 주제로 강의를 하며 다양한 분야의
상담전문가들의 긍정적인 지지와 격려가 큰 힘이 되었고 그들
의 상담에 도움이 되었다는 피드백을 듣고 기뻤다. 푸드표현예
술치료는 2015년부터 대학과 대학원에서 〈푸드표현상담학〉으
로 학생들의 마음에 꽃을 피우며 계속 진화하고 성장하고 있으
며, 여러 편의 석사 및 박사 연구 논문들이 발표되면서 이론적

토대를 다져가고 있다.

강산이 바뀌는 시간을 넘기며 다져온 성장과 변화의 모습으로 대중과 소통하기 위해 우리는 각자 자신의 솔직한 이야기를 풀어놓았다. 각양각색, 각자의 삶의 경험들이 서로 다른 모양으로 진솔하게 쓰였다. 처음엔 가능한 한마음으로 소리를 내려고 했지만 서로 다름을 소중한 가치라 생각하여 빛깔도 모양도 맛도 다른, 오히려 무지개 같은 다른 색깔들이 모여 아름다운 조화를 이루어내는 글이 탄생했다.

우리의 마음은 처음부터 지금까지 한결같이 이어지고 있다. 푸드표현예술치료는 삶의 치유예술로서 일상의 삶에서 이론과 실제를 하나로 연결하는 장르이다. 일상에서 밥상을 대하는 잠깐의 시간에 자신의 마음을 만나고 표현함으로써 몸과 마음의 건강과 행복을 먹는 시간을 가진다면, 우리의 삶은 좀 더 풍요롭고 긍정적인 자기상을 갖게 되어 주변의 다른 사람들에게도 좋은 에너지를 나누어줄 수 있지 않을까? 글쓰기를 시작하며 여기 모인 작가들이 이런 마음들을 하나로 모았다.

코로나19로 인해 사회적 거리두기를 하며 나는 새로운 취미가 생겼다. 화초 가꾸기이다. 미니파프리카를 사다 먹고 씨앗을 심었더니 화분에서 예쁜 싹이 트고 자라나 파프리카 열매가 달렸다. 신비로운 자연의 힘을 느끼며, 식물은 자기가 하고 싶은 대로 그리고 제 모습대로 싹이 트고 꽃을 피우고 자라난다는 것을 보게 된다. 제각각 화분에 심겨진 초록이들을 보며 난 참 많이 생각하고 배우게 된다. 우리의 삶도 그러하다. 함께 같은 길을 걷지만 그 길에서도 각자 자신만의 것을 만들고 스스로 소화시켜 자신만의 색깔과 모양의 꽃을 피운다. 그러면서도 자신의 영역에서 선한 영향력을 나누고 실천하는 우리 모두는 '따로 또 함께' 하는 사람들이다.

그런 점에서 〈10인 10색의 마음요리〉는 삶 속에 녹아난 우리들 각자의 이야기이자 함께 하는 공통의 이야기이다. 마음의 가식을 벗어버리고, 지금보다 건강하고 아름다운 사회를 만들어 가는 데 일조하고 싶은 우리들의 진솔한 이야기로 독자들과 만나고 싶었다.

사람들은 대부분 타인의 눈과 평가에 민감하게 반응하며 살아간다. 그러나 여기에 모인 저자들은 다른 사람의 시선보다는 자기 안의 마음을 보고 가꾸어 마음 꽃을 피우고, 개성 있는 빛깔의 열매를 맺었다. 그 꽃과 열매가 누군가에겐 작은 도움이라도 되기를 바라는 마음을 책으로 엮었다. 진정으로 용기가 필요했고, 그렇게 용기를 낸 우리들의 마음 요리책은, 초록의 식물들이 늦건 빠르건 자기만의 모양으로 꽃피우듯, 묵묵히 각자의 삶을 생활 속에서 푸드표현예술로 꽃피우는 사람들의 이야기이다. 함께해 주신 전문가 선생님들께 머리 숙여 감사함을 전한다.

아무도 가지 않았던 길, 풀로 덮여 보이지도 않는 길을 먼저 걷기 시작했다. 자주 다니니, 전에는 없던 작은 오솔길이 생겼고 그 길을 함께 하는 사람들이 한둘 늘어나자 제법 걸을 만한 도로가 되었다. 서로를 믿고, 힘들 때 손잡아주며, 묵묵히 함께해 준 한국푸드표현예술치료협회 전문가 선생님들의 따뜻한 마음이 너무 든든하고 감사하다.

전혀 생소했던 분야였던 푸드표현예술치료는 외국에도 이제 조금씩 알려지고 있다. 우보천리(牛步千里)로 뚜벅뚜벅 앞으로 나아가고 있다. 우리는 빨리 가기보다는 모두 함께 손잡고 끝까지 가고 싶다. "유명한 것보다 유용한 것이 더 좋다고 생각해."라는 나태주 시인의 말이 마음에 와닿는 것도 이 때문이 아닐까?

푸놀치 꽃

이 작품은 나태주 시인의 〈풀꽃〉을 생각하며 표현한 작품이다.

자세히 보아야 예쁘다.

오래 보아야 사랑스럽다.

너도 그렇다.

일상에서 푸드표현 활동을 하면서는 무심코 스쳐 지나던 풀꽃도, 그냥 입안으로 들어가 먹기 바빴던 음식 재료 하나도 소중하고 아름다운 개체로 다가왔다. 자연이 더욱 소중하게 느껴지고 그냥 스쳐 지나던 하나하나의 작은 인연들도 귀하게 다가왔다.

가볍게 지날 줄 알았던 팬데믹 상황을 겪으면서 우리는 지구촌이 하나로 연결되어 있다는 것을 새삼 깨닫게 되었고 그동안 소홀했던 환경의 소중함을 다시 느끼게 됐다. 사회적 거리두기를 하며 일상의 사소한 것들이 얼마나 감사한 것이었는지 절감하고 있다. 또한 무거운 짐을 서로 나누는 것이 왜 필요한지도 알게 되었다. 우리 모든 국민이 무겁고 힘들게 어려움을 극복해 나가는 데, 우리 푸드표현예술치료가 힘을 보탤 수 있기를 간절히 바란다. 일상에서 누구나 생명을 유지하기 위해 하루에 두세 번은 식사를 한다. 이때 먹는 음식 재료를 사용해 자신을 돌보고 다른 사람들에게 따스한 마음을 나눌 수 있다면 지금의 고통을 조금씩 가볍게 할 수 있지 않을까?

우리들의 이야기 〈10인 10색 마음요리〉는 순서가 없다. 마음이 내키는 대로 아무 곳이나 마음 가는 대로 펼쳐보면 된다. 불안을 요리하며 내면 아이를 만나 치유하고 싶으면 3, 5장을 우선 읽고 인생의 꿈을 요리하고 싶다면 우리 두리의 꿈을 만나는 2장을 펼치면 된다. 트라우마를 요리하고 싶다면 1장과 9장을, 상담의 성과를 알고 싶다면 7장과 8장을 만나면 된다. 그리고 일상의 치유예술로 힐링을 원하는 사람은 4장, 6장을 펼친다면 펼쳐진 곳에서 저자의 마음과 진실한 만남을 가질 수 있다. 아무쪼록 우리들의 이야기가 어렵고 힘든 상황에 있는 다른 사람들의 마음을 헤아려 위로하는 데 조금이라도 도움이 된다면 기쁘고 감사하겠다.

더불어 누군가의 마음을 치유하는 현장에 계신 분들에게도 도움이 되길 바란다. 오래전에 들었던 고려대 한성렬 교수의 강의에서 앞으로는 모든 가정이 상담소가 되어야 한다던 말이 생각난다. 음식을 먹으며 손 가는 대로 마음 가는 대로 건강을 먹고 행복을 마시는 시간을 가져보시길 권한다.

〈10인10색 마음여행〉이 누군가의 지친 마음을 쓰다듬고 위로하며 아픈 마음을 치유하는 데 조금이라도 도움이 된다면, 그것 자체로 우리 모두의 소망이 실현되는 것이라 생각한다.

우리들의 이야기를 통해 '푸드표현 하고 놀면 기적이 치솟아요!', '푸드표현 하고 놀면 기쁨이 치솟아요~' 라는 '푸·놀·치' 슬로건처럼 모든 분들이 소망하시는 일이 이루어지고 기쁨의 기적이 솟아나는 나날이 되시기를 바란다.

2021년 늦가을에...

사랑과 감사한 마음을 전하며 저자대표
치유산타 **김지유**

Contents
차례

PART_4
삶의 치유예술 푸드표현과
마음 나눔 —김영애

PART_5
존재만으로도 소중한 그대,
그땐 왜 몰랐을까? —이경숙

마치는 글 • 332

나는 이대로의 내가 그냥 좋다

– 김지유

김민용

- 한국푸드표현예술치료협회장
- 창신대 푸드표현상담학 교수
- mykim2k@hanmail.net

PART_1

● ● ●

푸우의 마음 산책

김민용
한국푸드표현예술치료협회장

글머리

푸우의 마음 산책

'푸우'는 나의 별칭이다. 이 별칭에는 세 가지 의미가 담겨있다. 첫째는 '곰돌이 푸'의 의미다. 상담자인 나는 마음이 힘든 내담자를 만나게 된다. 내담자가 나를 만나는 순간 '곰돌이 푸'를 만난 듯 푸근하고 재미있고 친근함을 느낄 수 있는 상담자이고 싶다. 둘째는 큰 한숨 '푸우~'의 의미다. 일상에 파묻혀 바쁘게 살다보면 정작 중요한 '나'와의 만남에 소홀히 하는 경우가 있다. 삶 속에서 필연적으로 던져야 하는 질문도 잊기 십상이다. 가끔은 일상에서 멈춰서 '푸우~~' 큰 한숨을 쉬면서 '나는 누구인가?', '나는 어디에 있는가?', '나는 어디로 가야 하는가?', '내가 가는 길이 맞는 길인가?' 등 존재의 본질과 관련된 질문을 자신에게 던지고 싶다. 셋째는 물에 빠진 사람이 숨을 쉬기 위해 물 밖으로 입을 내놓고 '푸우~! 푸우~!' 숨을 몰아쉬는 의미다. 우리가 만들고 발전시켜가고 있으며 널리 알리고 있는 푸드표현예술치료가 더욱 깊어져 더 많은 사람들에게 행복과 치유의 선물로 다가가기를 바라는 것이 나의 바람이자 꼭 이루어야 할 소명이라 생각한다. 물에 빠진 사람의 몰아쉬는 숨 같은 간절함으로 그 소명을 다하고 싶다.

푸우는 일상의 삶에서 푸드를 만나 푸드와 놀고, 푸드로 마음을 표현하며 산책을 즐기고 있다. 푸드와 함께 하는 유유자적한 거닐음 속에서 푸우는 자유로움과 평화, 치유의 작은 기적들을 만난다. 이 기적의 기쁨을 독자들과 함께 나누고 싶다.

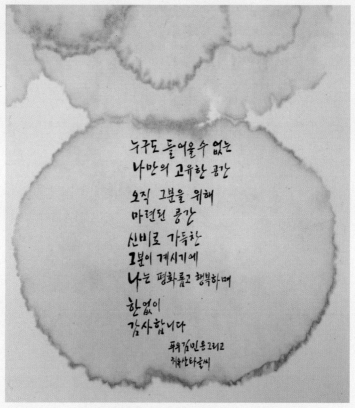

누구도 들어올수 없는
나만의 고유한 공간

오직 그분을 위해
마련된 공간

신비로 가득한
그분이 계시기에
나는 평화롭고 행복하며

한없이
감사합니다

푸우김민용그리고
치유산타들씨

〈 화선지에 번진 커피 자국과 수묵으로 쓴 붓글씨 〉

01 지랄하고 자빠졌네

"지랄하고 자빠졌네." 듣기 좋거나 좋은 의미는 아니지만 왠지 모르게 정감이 가는 말이다.

'지랄하다.'를 사전에서 찾으니 '말이나 행동을 변덕스럽게 하거나 가볍고 방정맞게 하다.'라고 나온다. '자빠지다.'는 '중심을 잃고 뒤나 옆으로 넘어지다.'는 뜻이라 나온다. 결국 '지랄하고 자빠졌네.'는 '정확한 사리분별 없이 날뛰는 사람의 행동을 이르는 말.'이다.

위의 뜻으로만 본다면 결코 좋은 말이 아니고 욕설처럼 상대방에게 상처를 줄 수 있는 말이다. 그런데 나는 아주 친한 친구들이나 가까운 지인으로부터 가끔 이런 말을 듣기도 하고, 또 내가 그들에게 쓰기도 한다. 그럴 때, 이 말은 전혀 상처를 주거나 아프게 들리지 않는다. 이 말을 들었던 상황을 생각해 보면 내가 뭔가 나답지 않은 행동을 했거나 예상치 않은 돌발적인 행동을 했을 때 이 말을 듣게 된 것 같다. 그래서 이 말은 오히려 내 행동과 나 자신에 대해서 한 번쯤 되돌아보게 하는 신선한 전환의 기회를 주기도 한다. 진지한 어투로 내 행동을 지적하기보다는 다소 과장된 표현처럼 보이기만 큰 부담 없이 받아들일 수 있게 하고, 남에 의해서가 아니고 나 스스로 나를 돌아보게 한다. 이렇게 본다면 이 말은 참 정이 넘치는 말이기도 하다.

〈지랄하고 자빠졌네〉
널브러지고 자빠진 귤껍질 사이로 맑고 영롱한 '참 나'가 살짝 모습을 보인다.

위의 작품에서는 작은 귤 하나라도 껍질이 찢어지고 벌려지고 떨어져 나왔을 때만이 우리가 귤의 참맛을 볼 수 있게 된다는 것을 표현하였다. 우리가 달고 상큼한 귤을 맛보기 위해서는 귤을 보호하기 위해 둘러싸고 있는 껍질이 벗겨져야만 하는 것이다. 껍질을 벗기고 알맹이를 조금 떼어 입에 넣었을 때 혀끝에 감도는 새콤달콤한 맛과 콧속을 자극하는 상큼한 향기는 우리를 행복하게 한다.

"지랄하고 자빠지자." 나는 가끔 나 자신에게 이 말을 하고 싶을 때가 있다. 지금까지 뭔가 해야만 하는 일에서, 즉 내가 쓰고 있는 많은 역할의 가면을 벗어버리고 싶을 때가 있다. 또 나를 보호하기 위해 내가 뒤집어쓰고 있는 갑옷을 홀홀 벗어 털어내고 싶다.

살기 위해, 더 잘 살기 위해, 아니 살아남기 위해 우리는 하루하루 최선을 다하며 열심히 살아간다. 누구나 다 그러고 산다고 스스로 위로하면서 매일을 살아낸다. 자신이 아닌 다른 사람들이, 가족이, 조직이, 사회가 요구하는 모습으로...

불혹의 나이에 다니던 대기업을 나왔을 때, 마음껏 누리고 싶었던 자유로움은 얼마 가지 못했다. 자신을 지켜주던 백그라운드가 사라진 것 같은 허전함과 공허함은 불안과 나태함으로 그 모습을 바꿔가며 나를 망가뜨렸다. 그동안 나를 두껍게 둘러쌌던 껍질이 벗겨지자, 그 가벼움을 누리고 즐기기보단 맨살을 드러낸 듯 작은 바람에도 추워서 몸을 웅크렸다.

그때는 몰랐다. 왜 내가 그렇게 갈망했고 어렵게 얻은 그 소중한 자유를 만끽하지 못했는지. 그때까지 '나'라는 단어에는 여러 수식어가 따라다녔다. 누구의 아들, 누구의 남편, 회사의 책임연구원 등등. 이런 수식어가 자연스러웠고 그것이 나의 정체성이라 생각했다. 내가 곧 그였다. 그러나 나를 그런 수식어에 매달아 놓는 순간 나는 결코 나 자신으로 나답게 살 수 없었던 것이다.

나답게 산다는 것. 칼 구스타프 융에 따르면 인간의 성장은 크게 두 단계라고 한다. 에고(ego)의 시대와 셀프(the self)의 시대가 그것이다. 에고의 시대란 우리가 생존하기 위해 필요한 것들을 위해 몸부림치는 시기이다. 살기 위해 열심히 돈을 벌기도 하고, 자신을 지키기 위해 권력을 잡아 힘을 비축하기도 한다. 때론 다른 사람들의 공격으로부터 방어하기 위해 나름의 신념을 가지기도 하는 때가 바로 이 시기이다. 그러나 우리가 중년을 지나면서 어느 정도 안정된 시기가 오면 그때부터 우리는 셀프의 시대를 살아가야 한다고 주장한다. 셀프의 시대란 자신의 진정한 모습을 알아가고 자기답게 살아가는 시대이다. 융은 그런 삶의 모습을 '자기 개성화'라고 하였다.

나답게 살기 위해서는 우선 '내가 누구인지' 알아야 한다. '나는 누구일까?' 오래전 철학자들로부터 현대의 지식인들까지 던져왔던 질문이다. 많은 사람들이 사유를 통해, 경우에 따라서는 고행을 통해, 또는 깊은 명상을 통해 질문을 던져왔지만 명확한 답을 내놓은 사람은 없다. 왜일까? 그 이유는 아마도 '나는 누구일까?'라는 질문에 답을 할 수 있는 사람은 오직 '나' 뿐이기 때문일 것이다. 그리고 그 대답은 제한된 언어로는 절대 표현할 수 없는 느낌, 즉 '아하!' 하는 알아차림을 통해서만이 가능하기 때문이다. 우리가 아는 예수님이나 부처님 그리고 깨달음을 얻은 분들이 그 대답을 스스로 찾은 분들이 아닐까?

나에게 필요한 '나는 누구인가?'라는 질문의 대답은 결국 나 자신에게서 찾아야 한다. 에크하르트 톨레는 책을 통해서 "'나'를 알기 위해서는 내가 아닌 것이 무엇인지 알아야 한다."고 하였다. 내가 아닌 것들을 하나하나 걷어내다 보면 어느 순간 '나'에 대해 깨닫게 된다는 의미이다. 바로 귤의 껍질처럼 나를 둘러싸고 있는 수식어들이 내가 아님을 알게 되었을 때 우리는 비로소 진정한 의미의 '나'를 만나게 되는 것이다.

'푸드표현상담 전문가', 이것은 내가 하는 일이지 그것이 '나'는 아니다. '한국푸드표현예술치료협회장'도 마찬가지로 내가 의미를 부여하는 역할일 뿐이지 그마저도 '나'는 아니다. 얼마 전까지 나는 '기업체 강사'였고 '자동차 회사의 책임연구원'이 었지만 그것도 진정한 '나'는 아니다. 또 나는 '부끄럼을 타는 사람'도 아니고, '열정적인 사람'도 아니고, '겁이 많은 사람'도 아니고, '용감한 사람'도 아니다. 지금까지 나를 설명해 왔던 수많은 수식어들이 나의 일부분이나 역할을 표현할 뿐 진정한 '나'는 아닌 것이다.

지금까지 우리가 기대고 있었던 껍질은 여간 두껍고 질긴 것이 아니다. 오랜 시간 눌어붙은 주방의 기름때처럼 결코 쉽게 찢어지거나 떨어져 나가지 않는다. 그래서 지금까지 내가 해왔던 노력보다는 좀 더 과감한 시도가 필요하다. 바로 강력한 그리고 창의적인 도전이 요구되는 것이다.

그런 이유로 진정한 '나'를 만나기 위해 우리는 가끔 '지랄'을 해봐야 한다. 지금까지 해보지 않았던 짓을 해봐야 한다. 그러면서 내가 어떻게 반응하는지 왜 그렇게 행동하는지 끈질기게

묻고, 묻고 또 물어야 한다. 지금처럼 우리가 점잖게 그리고 부드럽게만 나의 껍질을 다룬다면 그 질긴 껍질을 벗기고 저 깊은 심연에 있는 참 자기(the self)를 보기는 어려울 수도 있다.

자신의 깊은 내면을 본다는 것은 곧 지금까지 심연을 덮고 잠잠하게 가라앉아 있던 바닥의 진흙을 헤집어내는 일과 같을 것이다. 그 진흙을 헤집어 흙탕물이 되어야 흙탕물을 걸러낼 수 있는 기회가 만들어진다. 마음의 흙탕물이 올라오는 고통을 감내하는 노력이 반복되고, 그 시간들을 견뎌내다 보면 서서히 '참 나'가 그 윤곽을 드러내게 될 것이다. 이렇게 조용히 가라앉아 있던 마음을 굳이 흔들어 놓는 일이 남들에게는 어떻게 보일까? 자신이 흔들어 놓고는 자신이 힘들어하는, 기존의 자기답지 않은 '지랄하는' 모습으로 보이지 않을까?

그리고 또 가끔은 자빠져야 한다. 온전히 자신을 내려놓고 맨 밑바닥으로 그냥 떨어져 봐야 한다. 전혀 예상하지 못한 상황에서 뒤로 넘어져 봐야 한다. 그랬을 때 자신의 내면에서 어떤 변화가 일어나는지, 자신의 마음에서 어떤 소리가 들리는지 '나' 자신을 관찰하는 것이 필요하다. 아마 우리는 자신이 얼마나 초라한 존재인지, 얼마나 부족한 존재인지를 깨닫게 될지도 모른다. 저 밑바닥으로 곤두박질쳐 떨어졌을 때, 가장 깊은 수렁에 빠져 도저히 헤어 나올 수 없다는 절망감에 빠졌을 때 우리는 오만을 내려놓고 겸손을 배우게 되며, 현실을 초월한 어떤 것에 의지하게 된다. 그때가 바로 우리로 하여금 냉정하게 '나'를 볼 수 있는 기회인 것이다. 융은 '우리는 고통을 통해 성장한다.'고 하였다. 낮아지고 넘어지고 찢어지고 깨지는 고통은 우리 자신을 다시 한 번 되돌아보게 하고, 그동안 뒤집어쓰고 살아왔던 많은 가면들과 쓸데없는 갑옷들을 벗어 던지게 한다. '참나'를 조금씩 만나게 되는 것이다.

지랄하고 자빠지기 위해서는 어쩌면 많은 용기가 필요하다. 자기 내면의 고통을 마주할 용기, 다른 사람들의 곱지 않은 시선을 이겨내는 용기, 두렵고 막막하지만 그럼에도 불구하고 포기하지 않고 끈기 있게 시도하는 용기 등.

가끔 자신만의 안전한 시간과 공간에서 자신에게 '지랄하고 자빠질 수 있는' 기회를 주자. 누구의 눈치도 보지 않고 자신의 시선에서조차도 자유로울 수 있는 기회, 심리적이고 공간적인 안전함을 느낄 수 있는 그런 곳에서 마음껏 자신을 놀게 하고 마음에 꾹 눌러왔던 약간의 광기를 풀어줘 보자. 물론 일상의 삶 속에서 많은 시간을 별도로 만들기란 쉽지 않을 것이다. 그렇다면 조금씩이라도.

나는 가끔 나 자신에게 몇 일간의 시간을 선물한다. 오로지 나와 자연 그리고 절대자와만 만나는 소중한 그 시간에 나는 잠깐씩 어렴풋한 '참 나'의 실루엣을 보곤 한다. 아직 그것이 진짜 '참 나'의 실루엣인지조차 확인할 수는 없지만 나는 그렇다고 믿는다.

그리고 나는 치유예술 푸드표현예술치료를 통해 살짝 일상에서 벗어나 나를 만나곤 한다. 특별한 시간을 내기보다는 아침 식사 후, 후식을 먹으며 잠깐, 또는 어느 식당에서 점심이나 저녁 식사 후, 빈 접시에 잠깐, 야외를 산책할 때는 눈에 띄는 낙엽이나 떨어진 꽃을 이용하여 잠깐 내 마음을 만난다. 그때 내 마음을 만나게 하는 재료는 남은 반찬이나 귤 하나 또는 커피믹스 하나 그것도 아니면 접시에 묻어 있는 소스만으로도 충분하다. 이 마음을 만나는 시간이 내겐 짧게 '지랄하고 자빠지는' 시간인 것이다. 가끔 지나가던 사람들이 신기해하거나 이상하다는 눈으로 쳐다보기도 하지만 나는 그런 시선들을 그냥 흘려보낸다. 내겐 이 순간 만나는 내 마음이 너무 소중하고, 이는 '나'를 완성해 가기 위해 꼭 필요한 시간이므로......

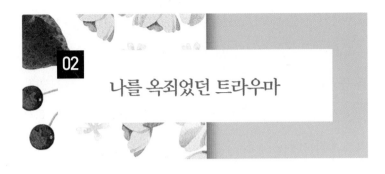

나를 옥죄었던 트라우마

어린 시절 나는 무척이나 밝고 명랑한 소년이었다. 특히 초등학교 시절 대부분은 반장을 하며 담임선생님들과도 매우 친밀한 관계를 유지했다. 당연히 친구들과도 신나고 즐거운 시간들을 보냈다. 그러나 나를 크게 변화시킨 사단이 벌어진 것은 바로 6학년 여름 방학이 끝난 개학날이었다. 1학년부터 6학년까지 같은 반으로 쭉 올라온 우리 반 아이들은 그야말로 서로를 너무 잘 아는 깨복쟁이 친구들이었다. 한 달 정도 떨어져 있다가 다시 만난 개학날이니 그 반가움은 이루 말할 수 없을 정도였다.

담임선생님은 아침 교무회의에 가시고 우리끼리 남은 교실은 그야말로 시끌벅적한 시장 바닥 같았다. 나도 오랜만에 만난 친구들과 재미있게 떠들고 장난치느라 정신이 없었다. 그러나 문제는 우리 반이 교무실과 현관을 사이에 두고 있었다는 것이다.

교무회의가 끝나고 담임선생님께서 들어오셨으나 나를 비롯한 우리 반의 누구도 그 사실을 알아차리지 못했다. 그때 선생님께서 큰 소리로 나의 이름을 부르시며 앞으로 나오라고 하셨다. 나는 같이 떠든 친구들은 놔두고 나만 부르셨기에 속으로 '혹시 내가 방학숙제를 잘해서 칭찬해 주시려나?' 하는 마음에 반갑고 좋아서 웃으며 교실 앞으로 나갔다. 미소 띤 얼굴로 선생님 가까이 다가선 순간 갑자기 뜨거운 불똥이 얼굴에서 튀었고 강렬한 통증이 볼따구에 느껴졌다. 선생님이 큰 손바닥으로 내 볼에 따귀를 때린 것이었다.

전혀 마음의 준비가 되지 못한 상태에서, 칭찬에 대한 기대와 반가움의 미소가 순식간에 강력한 폭력으로 되돌아왔을 때, 엄청난 모멸감이 쓰나미처럼 몰려왔다. 나는 자리로 들어가는 내내 통증으로 인한 아픔보다는 창피함과 수치심에 얼굴을 들지 못했다. 그리고 그날 그 사건은 기어코 내 인생을 바꿔놓고야 말았다.

중학교 이후, 나는 나를 표현하지 못하는 아이가 되었고, 그 사건으로 인한 트라우마로 선생님들과의 친밀한 관계가 전혀 형성되지 못했다. 성인이 되어서도 대인관계에 있어 크고 작은 문제들은 늘 나를 따라다녔다. 대학 졸업 후 들어간 직장에서는 초기에 적응을 하지 못해 하루에도 수십 번씩 그만두고 싶다는 생각이 나를 힘들게 했다. 직장을 그만 두고 마음공부를 시작하기 전인 중년의 시간까지 나는 늘 위축되고 소극적이며, 대인관계에서 자신감이 부족한 사람이었다. 물론 이런 나의 부정적인 변화의 책임이 모두 그 사건에만 있는 것은 결코 아닐 것이다. 그 당시, 그 사건이 나에게 깊은 상처로 남게 된 것은 맞지만 성인이 되어서까지도 그 상처를 털어내지 못한 내게도 책임이 있음을 부인하지는 않는다.

  마음공부를 시작한 지 얼마 안 되었을 때, 처음으로 4박 5일 일정의 집단상담 프로그램에 참석하게 되었다. 그 자리에서 나는 이런 나의 답답하고 꽉 막힌 관계의 시간들이 얼마나 나를 힘들게 했는지를, 전혀 모르는 사람들 앞에서 고백하게 되었다. 떨리는 마음으로 조심조심 나의 이야기를 하고 있을 때 나의 등 뒤에서 묵직한 울림이 들렸다.

"정말 힘드셨겠네요."

그 순간 내 가슴 깊은 곳에서 강한 전율이 느껴졌고 지금까지 내가 겪어내야만 했던 고통의 순간들이 주마등처럼 스쳐 지나가며 갑자기 눈물이 터져 나왔다. 그냥 운 것이 아니라 통곡을 한 것이다. 한참을 울고 났을 때, 중년의 '나'는 창피함과 쑥스러움에 고개를 들 수 없었다. 이 사태를 어떻게 수습해야 하나 고민하고 있는데, 여기저기서 나의 울음을 축하해 주고, 울고 난 뒤의 시원함을 공감해 주는 응원과 지지의 소리가 들려왔다. 나는 덕분에 용기를 얻어 고개를 들 수 있었고, 그때의 감동적인 경험은 상담전문가인 지금의 나를 만든 힘이 되었다.

내 인생을 바꾸어 놓았던 한순간의 경험은, 내가 하는 행동 하나하나가 얼마나 타인에게 큰 영향을 미칠 수 있는지를 보여주는 것이기도 했지만, 내가 나의 주인으로 살지 못하는 것과 내가 나 자신의 주인으로 살며 스스로 선택하고 책임지는 삶의 차이를 확실하게 깨닫게 해 주었다.

우리는 삶에서 어떤 문제가 발생했을 때 그 문제의 책임을 타인에게 돌리고 싶은 마음이 생긴다. 그러나 그런 태도는 결국 자신을 그 문제에 구속시키는 결과를 만들 뿐이다. 책임을 타인에게 떠넘기는 것은 문제의 해결 또한 타인에게 의존한다는 의미이기 때문이다. 따라서 자신이 주인 된 삶을 살려면 당면한 문제에 대해서 자신이 선택한 결과로 받아들이고 스스로 해결하려는 태도를 갖는 것이 중요하다. 그런 긍정적이고 적극적인 태도는 우리가 자신의 삶을 스스로 통제할 수 있다는 만족감과 자신감을 갖게 한다.

마음공부를 하기 전까지 나는 내가 대인관계에서 어려움을 겪는 것이 어린 시절 선생님의 폭력적인 체벌 때문이라고 생각해왔다. 물론 어린 시절에는 외부적 영향을 많이 받을 수밖에 없는 시기이기에 그럴 수 있다고 생각한다. 그러나 충분히 힘이 있고 스스로 선택할 수 있는 성인이 되어서까지 그 문제를 붙잡고 있었던 것은 결국 관계 속에서 그와 비슷한 고통이 반복되는 것이 두려워 나 스스로 선택한 것이었음을 이제는 고백하게 된다.

그리고 오히려 결과적으로 오랜 시간이 걸리긴 하였지만 그런 경험이 나로 하여금 나 스스로를 깊이 있게 성찰할 수 있는 기회를 제공했기 때문이다.

물론 그 어린아이가 대책 없이 당해야 했던 체벌은 정당화될 수 없다고 생각한다. 그와 비슷한 일이, 아니 그보다 더 끔찍한 아동폭력이 이 사회에서 쉴 새 없이 벌어지고 있음은 정말 개탄스럽다. 이런 아동폭력에는 어른들이 책임을 져야 하며 반드시 근절되어야 하는 범죄라고 생각한다.

그렇다고 해서 내가 그 상처를 어른이 된 지금까지 가지고 살아야 할 필요도 없다. 나는 이제 일방적으로 당해야 하는 어린이가 아닌 스스로 힘을 갖고 선택할 수 있는 성인으로 자신을 바라보아야 한다. 그리고 이제라도 과거의 상처가 자신을 더 이상

통제하지 못하도록 스스로를 돌보고 치유해야 한다.

우리 각자는 세상에 단 한 명뿐인 아주 귀하고 소중한 사람이다. 그리고 우리는 자신을 스스로 통제할 수 있다. 다른 사람이나 사건이 자신을 통제하도록 허용해 주지 않는다면 말이다. 지금 이 순간, 당신이 그 생각을 하는 바로 지금, 당신은 세상에서 가장 아름답고 멋진 사람이 된다. 그리고 그 내면의 긍정 에너지는 당신의 주위로 퍼져나가며 나아가 우주로 확장될 것이다.

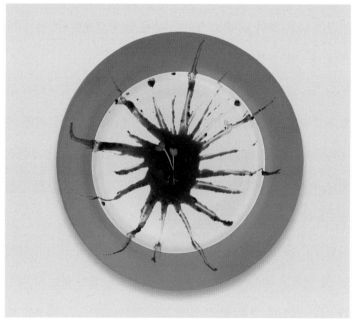

〈폭탄이 터지는 충격과 그 파편들〉
폭발로 모든 것이 깨지고 찢겨진 그곳에서도 새싹의 생명력은 빛을 발한다.

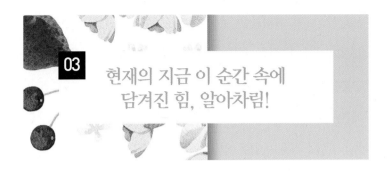

03

현재의 지금 이 순간 속에
담겨진 힘, 알아차림!

　　가을비가 세차게 내리는 어느 날, 우리 부부는 인
터넷으로 미리 알아 본 맛집을 찾아 나섰다. 집에서 조금 떨어
진 곳이고 비가 세차게 내리지만, 코로나 펜데믹으로 인한 답답
한 일상을 벗어나 한 주간을 열심히 보낸 우리에게 선물을 주기
로 했다. 가는 동안 내내 차 지붕을 두드리는 빗소리 연주에 우
리의 마음은 그지없이 즐거웠다.

한적한 시골, 세상과는 동떨어진 듯 숲 속에 자리 잡은 자연식
밥상을 찾아갔다. 그곳은 마치 다른 세상에 온 듯 자연 속에 예
쁘게 자리 잡고 있었다. 주차장에서 식당까지 넝쿨 지붕의 긴
터널엔 주렁주렁 달려있는 다래 열매가 눈길을 끌었고 잔디밭
에 세워진 다양한 모양의 돌조각들은 매우 인상적이었다. 그중
세 여인이 각자 다른 방향의 먼 하늘을 바라보는 조각상은 많은
궁금증을 불러일으켰다. '저 세 여인들은 무엇을 바라보고 있는

것일까?', '저 여인들은 무슨 생각에 잠겨 있을까?' 더불어서 질문이 나를 향했다. '나는 지금 어디에 서 있는가?' '나는 어느 곳을 향해 가고 있는가?' 등.

구불구불 오르막길을 걸어 드디어 도착한 힐링 밥상. 자연을 담아낸 맛깔스러운 반찬은 입맛을 솟구치게 하였고, 창밖으로 펼쳐져 있는 초록의 뜰은 마음을 환하게 열어주었다. 정갈하고 맛있는 먹거리, 특히 꽁보리밥에 빨간 낙지볶음을 본 순간, 나의 마음은 손 끝에 이끌려갔다. 푸드표현의 예술세계로...

마크 트웨인은 '인생에서 가장 중요한 이틀은 자신이 태어난 날과 태어난 이유를 알아낸 날이다.' 라고 하였다. 태어난 날은 바꿀 수 없지만 태어난 이유를 알아낸 날은 각자가 만들어 간다. 우리는 매 순간 살아가면서도 그 순간의 중요성을 깨닫지는 못하는 경우가 많다. 각자 어떤 순간을 사느냐에 따라 자신이 태어난 이유를 빨리 알아차리기도 하고, 어떤 경우는 끝까지 알아내지 못하고 살기도 한다. 내 마음을 이끌리게 하는 이 푸드표현의 순간이 나에게는 내가 태어난 이유를 조금씩 알아가게 하는 조각들이 된다. 잠깐잠깐 만나는 나의 마음이지만 마음 깊은 곳에 그 대답이 있기 때문이다.

21세기의 영적 교사라고 불리는 에크하르트 톨레(2013)는 '알아차림은 현재의 순간 속에 숨겨져 있는 힘이다.' 라고 하였다. 알아차림에는 위대한 성인의 큰 깨달음도 있지만, 보통의 사람들이 생활 속에서 경험하는 소소한 알아차림도 있다. 이런 작은 알아차림의 반복과 축척은 우리의 삶을 풍요롭게 변화시킨다. 이것은 내 안에 숨겨져 있던 힘을 만나는 순간이고 그 내면의 힘이 쌓여 점점 강력한 힘을 가지게 되기 때문이다.

식사를 하면서 푸드표현 작품을 하기 위해 먼저 살짝 움푹 들어간 짙은 갈색의 접시를 골랐다. 낙지 덮밥이 담겼던 접시로 낙지 덮밥의 매콤한 소스와 보리밥이 먹다 조금 남긴 그대로 있었다. 나는 매콤 소스와 보리밥을 접시 전체로 펼쳤다.

접시 가장자리의 높은 턱은 안정감을 주면서도 나를 막아서는 울타리처럼 느껴졌다. 매콤 소스를 묻힌 보리밥은 매 순간 나를 힘들게 하고 나를 과거로 회귀하게 만드는, 그래서 벗어버리고 싶은 에고의 찌꺼기들로 보인다. 나를 두껍게 둘러싸고 '참 나'를 보지 못하도록 훼방을 놓는 악동처럼 에고는 끈적이며 나를 붙들고 늘어지는 듯하다. 가슴 한가운데로 답답함이 밀려들었고 뭔가 벗어나거나 그 상황을 깨버리고 싶은 욕구가 올라왔다. 나는 낙지 덮밥 소스와 보리밥이 섞여 펼쳐진 가운데에 하얀 채소 샐러드 소스를 부었다. 하얀 소스가 붉은 소스와 만나 하양은 붉게 물들고 붉음은 하얗게 물든다. 순백으로 불편한 붉음을 가리려 했으나 성공하지 못했다. 다시 그 가운데에 하얀 양배추 조각들을 올린다. 양배추 조각들은 희고 붉은 소스들과 자신을 분리시켰다. 그래서 그 하양은 보존되었고 맑은 흰색이 한가운데를 도드라지게 하였다.

아! 내 중심에 견고한 무엇이 자리 잡게 해야만 나에게 평화가 오는 것이리라. 나는 무엇으로 그 견고함을 만들어 갈 것인가?

〈입맛을 돋아준 낙지볶음 보리밥〉

〈어지럽고 불편함 속에서도 명료한 나〉

〈세상과 어우러져 새로운 맛을 창조하다〉

〈소화시킴-Emotional Insight〉

세상의 시끄럽고 자극적인 화려함 속에서도 순백의 고요를 지키기 위해서는 어떻게 해야 하는가?

지금 자신의 마음이 어디에 머물러 있고 어디로 가는지를 가만히 지켜보자. 그 순간 우리의 마음에 평화가 찾아온다. 그리고 그 마음이 이끄는 대로 푸드표현으로 마음 여행을 떠나보자. '지금 여기'에서의 나의 존재를 있는 그대로 만난다면, 우리는 비로소 자신으로 살며 태어나는 순간부터 이미 나에게 주어졌던 자유와 평화를 누릴 수 있을 것이다.

코로나로 인해 많은 것을 감내하며 지내야 하는 요즘의 일상이지만 해야 하는 일, 하고 싶은 일 등등 생각과 바람을 잠시 내려놓고 지금 이 순간이 주는 명료한 존재의 있음에 나를 맡겨보면 어떨까? 아마 그것은 언제 어디서든 내가 나에게 줄 수 있는 세상에서 가장 멋진 선물이 될 것이다.

오감과 직관,
이미 가진 우리 안 치유의 힘

　　우리가 살아간다는 것은 우리가 속한 세상과의 상호작용을 통해 기본적인 욕구들을 충족시키고 자신의 태생적인 존재의 목적을 현실에서 실현해 나가는 과정이라 생각한다. 그 과정 중에 우리는 끊임없이 변화하고 새로워지는 세상이 주는 자극에 적절히 적응할 수 있어야 한다. 세상이 주는 자극은 이미 예측되는 것들도 있지만 대부분의 경우는 전혀 예측할 수 없는 것들이다. 이런 자극에 대응한다는 것은 결코 만만한 일이 아니다. 그래서 가끔은 넘어지기도 하고 포기하고 싶어지는 절망을 경험하기도 한다.

오감은 이런 세상과 우리가 만나는 가장 첨예한 접점으로 자극과 반응의 순간에서 이루어지는 경험들이다. 오감은 시각, 청각, 후각, 미각, 촉각으로 이루어져 있으며 우리는 이런 오감을 통해 입력되는 내부와 외부의 정보들을 해석하고 이해함으로써 적절한 반응을 하게 된다. 이런 반응의 과정에 더하여 우리가 살아가며 축적된 경험이나 개인적 성격 특성에 따라 기존의 정보들을 활용하여 상황을 예측하는 직관의 능력도 발휘할 수 있게 되는 것이다.

오감의 중요성은 펜필드의 호문쿨루스라는 그림을 통해서도 단적으로 나타나고 있다. 호문쿨루스는 우리의 신체와 연결된 뇌의 부위를 표현한 뇌 지도이다. 호문쿨루스를 보면 우리 뇌의 가장 넓은 부위를 차지하는 것이 바로 오감과 관련된 신체 부위이다. 손과 입, 코와 귀 그리고 눈이 상대적으로 크게 그려져 있다. 이는 오감을 자극하는 것이 뇌를 가장 많이 활성화할 수 있다는 것을 의미하기도 한다. 이는 뇌가 가장 많이 성장하는 시기인 영유아기에 오감 놀이가 중요한 이유이며, 어르신들의 치매 예방에도 오감을 자극하는 활동이 효과가 있다는 것은 저자의 치매예방 프로그램 진행 경험을 근거로 분명하게 말할 수 있다.

우리의 오감을 모두 자극할 수 있는 가장 좋은 매체는 무엇일까? 바로 푸드(음식)다. 푸드는 단순히 배불리 먹는 음식이라는 개념을 넘어 표현예술의 매체로서 맛을 보고, 향기도 맡고, 다

양한 소리를 듣고, 촉촉한 감촉과 자연이 만든 아름다운 색깔과
모습을 감상하도록 한다. 이미 자연 속에서 완성된 예술품인 푸
드를 자르고 다듬고 다양한 형태로 변형하는 과정을 통해 자신
의 마음을 표현하는 것은 이미 그 자체로 몸과 마음을 모두 치
유하는 힐링의 기회가 된다.

왜 우리는 선천적으로 오감을 잘 느끼도록 발달해 왔을까? 원
시시대에 단지 위험한 맹수나 자연재해 등으로부터 살아남기
위한 이유로만 진화된 것일까? 만약 그렇다면 그 이후 시대가
발전해 오면서 그런 위험들로부터는 상당히 안전해진 우리의
삶에서 이런 부위들은 퇴화하고 다른 부분이 발달해야 할 것이
다. 그런데 현재의 우리의 뇌는 여전히 오감을 가장 넓은 부위
에서 담당하고 있다.

아마도 오감이 우리를 위해 뭔가 중요한 일을 하고 있으며 이를
잘 알아차려야 하는 이유가 분명히 있다. 오감은 피상적으로 생
각하는 외부에 대한 감각적인 것 이상의 정보를 우리에게 제공
한다.

인간은 인지-정서-신체로 이루어진 유기체이다. 즉, 우리가 뭔
가를 지각함에 따라 감정이 생기고 그런 감정으로 인해 신체에

변화가 일어난다. 누군가가 나를 무시한다고 생각하면 실망과 분노 등의 감정이 일어나고 이로 인해 우리의 몸은 혈압이 상승하고, 얼굴이 붉어지며, 심장의 박동이 빠르게 뛰며 가슴이 답답해진다. 변화가 일어나는 순서로 본다면 인지-정서-신체이지만 우리가 직접적으로 가장 쉽게 그리고 왜곡이 없이 경험하게 되는 것은 신체 변화이다. 이런 신체 변화는 곧 오감을 통해 우리가 알아차리게 된다. 따라서 우리의 오감은 단지 외부적인 자극에 대한 경험만이 아니라 우리 내면에서 어떤 변화가 일어나고 있는지를 알아차릴 수 있게 하는 바로미터가 될 수 있다.

더욱이 우리가 기존에 축적해 왔던 경험이나 정보들이 오감과 결합함으로써 직관이라는 능력을 키워내게 되고 이는 세상에 대한 빠르고 정확한 예측력과 대처능력이 높아지는 효과로 나타나게 되며 우리의 욕구 충족을 훨씬 효과적으로 실현할 수 있게 한다.

이런 의미에서 우리의 정보처리 기관인 감각의 민감성을 깨우고 이를 알아차리는 것은 현실적으로 우리의 삶을 풍요롭고 행복하게, 어쩌면 의미 있게 만들어 가는 일일 것이다. 푸드라는 매체는 그런 의미에서 우리의 오감을 모두 자극하는 매우 좋은 자극 재료이며, 특히 어린 시절의 기억이나 무의식적인 경험들과 밀접하게 연결시켜 후각과 미각을 자극할 수 있는 유일한 매체이기도 하다.

빵은 나에게 물리치기 힘든 유혹이다. 이른 아침이나 약간 허기가 졌을 때 빵집에서 흘러나오는 구수한 냄새를 무시하고 그 옆을 지나간다는 것은 그야말로 고문과도 같다. 어린 시절, 겨울이 다가오는 늦가을쯤 어머니는 여름 내내 벽장에 모셔두었던 오븐을 꺼내셨다. 그리고 온종일 우리 집 안 가득히 구수한 빵 굽는 냄새가 진동했다. 학교를 마치고 집으로 돌아오는 길, 대문을 들어서기도 전에 나에게선 이미 행복의 함성과 즐거운 웃음이 퍼져 나왔다. 그리고 겨우내 벽장 속엔 내 손길을 기다리는 식빵이 떨어지지 않았다. 가끔 빵조각 하나를 동네에 가지고 나가면 나는 스타가 된다. 작은 부스러기라도 먹고 싶어 하는 동네 친구들의 간절한 눈초리는 나를 우쭐하게 했었다.

지금 길거리에서 맡게 되는 빵 냄새는 나에게 단지 허기를 채우기 위한 먹거리의 의미를 넘는다. 그 냄새에 배어있는 것은 어린 시절 그 행복했던 순간과 어머니의 따스한 사랑, 그리고 친구들과의 나눔의 정이 담긴 소중한 나의 삶이다.

오늘 갑자기 빵 냄새가 그리워 냉동실에 얼려놓은 식빵을 꺼내

살짝 구웠다. 역시 구수한 빵 냄새와 달콤 고소한 그 맛은 나를 행복으로 이끈다. 살찔 걱정은 잠시 접어놓고 빵을 조금씩 손으로 뜯어 먹었다. 어릴 적 시간들을 회상해 보며 빵과 놀아보았다.

〈부모님의 사랑 안에서 하늘 높이 꿈 풍선을 띄워 올리던 아이〉

치유는 '심리적 안정감을 주는 것'이라는 뜻을 가지고 있다. 삶에서 많은 사건과 사고를 경험하면서 우리의 마음은 불안정해지고 요동을 치게 된다. 그러면 우리는 정작 우리가 추가하는 욕구를 충족하는 데 마음을 다하지 못하고 쓸데없는 것에 마음을 빼앗겨 결국엔 마음이 피폐해지는 경험을 하게 된다.

빵을 가지고 놀면서 나는 마음이 훈훈해지고 따뜻하게 변하며 편안해지는 것을 느꼈다. 이것이 바로 치유되는 순간인 것이다. 빵을 보고 만지고 먹으며 즐거워졌고, 빵으로 내 마음을 표현하면서 뭔가 가슴이 뻥 뚫리는 시원함을 느꼈다. 그리고 표현된 작품을 보며 대화하고 그 작품으로 표현된 내 마음을 이해하게 되면서 꽉 차는 만족감과 행복감이 밀려왔다. '푸·놀·치, 푸드표현하고 놀면 치유의 기적이!'

많은 사람이 스트레스가 심할 때 먹으면서 푼다. 그만큼 푸드는 그 자체로 치유의 힘을 가지고 있다. 나는 한 가지 제안을 하고 싶다. 맛있는 음식을 조리하여 먹는 것도 즐거운 일이지만 푸드 매체를 오감으로 충분히 경험해 보면서 자신의 마음에 떠오르는 것을 만나고 그 마음을 푸드로 표현해 보는 시간을 가져보기를 바란다. 표현하면서 알게 되고 깨닫게 되며, 먹으면서 뻥 뚫린 듯 마음이 채워지게 된다. 순간순간 변화하는 그 표현 속에서 진정한 자신을 만나고 건강한 자신으로 바로 서게 되기에 이 알아차림의 순간은 참 소중하고 값진 시간으로 황금과도 바꿀 수 없는 선물로 다가온다.

푸드표현을 하며 나타나는 작은 표현 하나도 우리의 무의식이 드러내는 소중한 치유의 선물이며 진정한 자신과 만나게 하는 과정이다. 융이 말하길, 사람들은 태어나서 죽을 때까지 자신을 찾는 개성화 과정을 거치는데 예술표현이야말로 진정한 자신으로 안내하는 보물지도라고 하였다. 하루에 몇 번씩 대하는 밥상을 마주할 때 잠깐의 푸드표현 활동으로 융의 말처럼 진정한 자신을 찾게 되는 보물 지도를 발견하길 바란다.

셀프 테라피를 위한 자기 성찰적 질문

1. 자신에 대해서 써 보세요

   나는 _____ 이다.

   나는 _____ 한 사람이다.

   나는 _____ 을 잘 한다.

   나는 _____ 을 좋아한다.

2. 지금 눈앞에서 구할 수 있는 푸드 매체를 이용하여 자신의 마음을 표현해 보세요?

   • 작품에 사용된 매체는?

   • 작품의 제목은?

   • 작품을 만들면서 어떤 느낌(오감), 어떤 생각, 어떤 감정이 떠올랐나요?

   • 내가 작품을 통해 표현하고자 했던 것은?

   • 완성된 작품을 바라보면서 떠오르는 생각이나 감정은?

   • 작품은 자신에게 어떤 의미일까?

3. 지금 당신을 힘들게 하는 어린 시절의 아픈 기억이 있나요?
아파했던 아이의 마음을 살펴 준다면? (푸드표현으로 해보
시면 더 좋아요.)

----

4. 잠시 눈을 감고 반듯하게 앉아 들숨과 날숨에 주의를 집중
하며 10분 정도 '명상'의 시간을 갖는다. 명상을 하면서 어
떤 경험을 했나요?

----

5. 자신의 몸을 천천히 하나씩 모두 만나보세요.
(머리-얼굴-목-어깨-심장-위-허리-등-다리-발-발바닥 등)

• 내 몸에서 특별한 신호가 오는 곳이 있나요?

• 내 몸에서 특별한 신호를 보낸 이유는 무엇일까?

• 신호를 보낸 내 몸의 부분은 내가 무엇을 해주기를 원하는가?

• 신체의 신호가 내게 의미하는 것은 무엇인가?

강둘순

- 교육학 박사(상담심리전공)
- 두리심리상담연구소/경남 성 · 가족상담센터(G.S.F. Counseling Center)
- 한국푸드표현예술협회(K-FEAT) 「공부야 놀자」 학습코칭센터
- 한국양성평등교육진흥원 전문강사
- 부모역할훈련(P.E.T.) 전문강사
- duri-2@naver.com

PART_2

● ● ●

함께하는 우리두리
동행의 삶

하나 보다 두리, 함께 하면
가벼워집니다!
푸드와 함께 하면
쉽게 변화 · 성장합니다!!

강둘순
교육학 박사(상담심리전공)

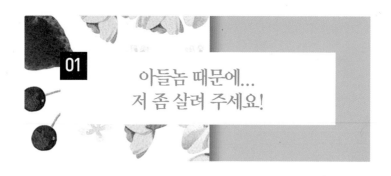

아들놈 때문에...
저 좀 살려 주세요!

푸드표현하고 놀면 즐거움이 치솟아요!

푸드표현하고 놀면 치유의 기쁨이~

푸드표현하고 놀면 기적의 치유가~

푸ㆍ놀ㆍ치 마음여행 하세요.

'푸ㆍ놀ㆍ치'는 푸드표현하고 놀면 기적의 치유가 일어난다는 의미를 지닌 말이다. 푸드표현예술치료라는 단어는 15년 전 김지유 박사가 만들어 사용하기 시작해 유행이 되고 있는 통합적 표현예술치료의 한 장르이다.

나는 일상에서 교수로, 상담자로, 그동안 꿈꾸어 오던 두리힐링상담센터에서 강사들의 요람 활동, 통영의 꽃게마을 두리학교장으로 정말 바쁜 시간들을 보내고 있다. 그러던 중에 내가 잠시 푸드표현예술치료를 만나는 순간은, 질주하는 듯한 나의 삶이 마치 "칙칙폭폭~" 시나브로 떠나는 기차여행처럼, 생각이 그치고 마음이 고요해지며 내 마음의 꽃이 아름답게 피어나 정화되는 시간이다.

분석 심리학자이자 의사인 융이 그랬다. 사람들은 태어나 죽을 때까지 자신이 진정으로 원하는 것을 찾아가는(개성화 과정) 인생길을 걷는다고. 어느 때부터인가 나도 모르게 운명의 이끌림처럼 상담가의 삶으로 불쑥 들어와 평생을 살고 있다. 상담가는 어떠해야 하는지 늘 자신을 성찰하는 가운데, 진정한 전문상담가로 거듭날 수 있도록 내 삶 속에 깊이 들어온 푸드표현예술치료는 나와 함께 하며 마음을 건강하게 만드는 좋은 친구다.

상담(相談)의 사전적 의미를 보면 한자로, 서로 상(相) 말씀 담(談). "① 말로 상의(相議)함. ② (어려운 문제(問題)를 전문가(專門家)나 윗사람과) 이야기하면서 해결(解決)하는 답을 찾는 것. ③ 또는, (어려운 문제(問題)를 전문가(專門家)나 윗사람에게) 물으면서 조언(助言)이나 충고(忠告)를 구(求)하는 것"이다.

비슷하게 흔히 대화(對話)를 순수 우리말로 풀어 '마주이야기'라 부르듯이 "마주 대하여 이야기를 주고받음. 또는 그 이야기"로 풀이되는데, 요즘 많은 사람들이 소통이 되지 않아 '대놓고 화' 부터 내고 '불통'이 깊어지니 결국 '고통'으로 이어질 수밖에 없는 현실이다. 쉽지 않은 삶의 현장 속에 살고 있는 많은 상담가들 또한 고통이 전이된 상태로, 그들 또한 결코 간단하거나 쉽지 않은 길을 가고 있음을 해가 더해 갈수록 절감한다.

상담자로 늘 지금 이 순간을 알아차리고 깨달아 간다는 것이 때로는 힘들지만, 누군가에게는 도움이 되고 결실을 맺어가는 삶 속에서 나의 행복감도 더해진다는 것은 분명한 것 같다. 또 현재까지 건강하게 뭔가를 할 수 있어 다행스럽고, 그 속에서 함께 아파하고 성장하는 체험들로 조금씩 익어가는 것이 상담가의 삶이라 여긴다.

최근 어떤 학부모께서, "선생님~ 우리 아들놈 때문에 이제는 제가 먼저 죽겠어요!" 하시며 이미 집에서 머리 뚜껑이 몇 번은 열린 듯한 얼굴로 센터를 찾아오셨다.

쌓인 화(火)로 많이 지쳐버린 감정 홍수 상태의 어머니를 정서적으로 편안하게 이완시켜 드리기 위해 커피 가루를 준비했다. 예전 만남에서 푸드표현에 관심을 보이셨고 나처럼 유독 커피를 좋아하셨던 것이 생각나 커피가루 자유화를 권했다.

커피향과 손에 느끼는 촉감이 좋다며 계속해서 지웠다 다시 표현하기를 한참 놀이하듯 하시고는 살 것 같다고 하셨다. 그래도 무언가 내면 깊숙이 전해오는 느낌(입으로는 웃고 있지만 눈 속의 깊은 그림자)을 좀 더 풀어드리기 위해 정원으로 나가기를 청하여 조금 더 자신을 바라볼 수 있는 시간을 갖게 해드리고 지켜보았다.

어린 시절 자신의 방황과 결혼생활의 복합적인 문제들을 덮고, 앞만 보며 억척스럽게 살아오며 견딘 지난 세월. 나와 비슷한, 거울 같은 삶을 살고 있는 그 어머니의 이야기에 공감하며 한동안 같이 울기도 했다. 서로가 마음 속의 거미줄 하나를 걷어낸 시간이었다.

그때의 인연으로 아이들에게 더 쉽게 다가가기 위한 푸드표현예술치료 전문가 과정 공부도 하게 되었고, 이제는 자신이 생활 속에서 푸·놀·치의 좋은 점을 다른 이에게 알리는 전도사가 되었다.

〈상담 전 울고 있는 얼굴 모습〉   〈상담 후 스스로 변형한 얼굴〉

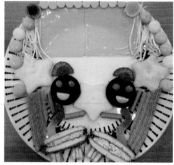

〈열린 두 귀로 들어주는 상담자, 마음으로 함께하면 나도 상담가〉

위의 작품은, 내담자가 처음 방문했을 때, 세 자녀와 남편 때문에 힘들어 울고 있는 자신의 감정을 커피가루로 표현한 것인데, 상담 후 떠나기 전에 그 작품을 다시 조용히 바라보게 한 후 '바꿔보고 싶은 부분이 있으시면 해 보실래요?' 했더니 망설임 없이 얼굴 부분을 바꾸고는 씩~ 웃었다.

아이들과의 현실은 그대로인데, 그것을 받아들이는 '내 인식의 차이였음을 알아차림' 하고 유심히 다시 보고는 "참, 사람이 마음먹기 따라 생사가 달라지는 것 같네요." 하시는 말의 톤과 얼굴이 많이 편안해 보였다.

다과로 내었던 밀감과 오이로 곁에서 나도 같이 표현하였는데 "어머님이 먼저 상담자 마음으로 함께 해 주면 가족도 같이 웃게 되지 않을까요?"라는 의미를 전하니 "사진으로 찍어가도 될까요?" 물으며 핸드폰을 먼저 꺼내 들었다. 이미 마음의 여유가 생겨 뭔가 해보겠다는 행동적 다짐으로 보였다. 푸드표현으로 쉽게 마음의 문을 열고 또한 인식의 전환도 빨리 온 것 같았다. 이렇듯 푸드표현 활동은 손 가는 대로 마음대로 표현하다 마음에 들지 않거나 부담스러우면 언제든지 변형이 가능하다는 큰 장점이 있다.

내가 표현하다 의도치 않은 상황을 맞게 된 경험을 나누려 한다. 정원 울타리에 작은 꽃이 앙증맞게 피어나 환한 웃음을 선물하는 듯한 어느 날이었다. 계란과 양파껍질로 정원 벤치에서 선 채로 아무 생각 없이 손 가는 대로 표현을 했는데 병아리와 어미 닭 형태의 표현이 되었다. 가만히 들여다보니 병아리는 안에서 껍질을 쪼고, 어미는 밖에서 껍질을 깨는 것이 동시에 일어나야 비로소 병아리가 세상의 빛을 볼 수 있고 진정한 닭으로 성장할 수 있게 된다는 줄탁동시(啐啄同時)라는 고사성어가 떠올랐다.

그런데 정작 손끝의 표현은, 토끼가 나의 귀한 알에게 삽질하고 있는 모습에 '너 지금 뭐 하고 있어?' 하고 크게 놀라는 어미닭 마음으로 이어졌다.

반면 토끼는 아주 태연히 '알이 있어 알 파고 있는데, 왜요?' 하며 자문자답하는 상황을 상상하며 혼자서 웃고 있는데, 가족 때문에 힘들어하던 다른 내담자가 와서 함께 웃으며 재미있어하고 신기해하던 기억이 새롭다.

'알파고(AlphaGO)'는 사람의 두뇌처럼 신경망 구조로 작동하고 이 신경망은 ' 정책망(Policy Networt)' 과 '가치망(Value Network)' 이라는 두 가지 신경망의 결합에 의해 이루어진다고 한다. 이 중 정책망은 기회만을 노려 남의 것을 쉽게 취하고 선택하는 알고리즘(문제 해결 방법)에 있다. 자기 배고프다고 허락도 구하지 않고 알을 파고 있는 토끼처럼. 가치망은 잠시의 쉼조차 자식을 향한 어미닭의 관심과 지극한 사랑을 느끼고 예측하는 역할을 하는 것으로 의미를 부여해 보았다. 현대 시대상을 우연히 코믹하게 표현하게 되었는데, 나도 그 중의 한 사람으로 가치망 같은 어미닭의 역할을 하고자 다짐하는 시간이기도 했다.

〈뭐하고 있어? (알파고)〉

〈가족〉

이 작품을 표현하며 요즘 무서울 정도로 빠르게 변해가고 있는 환경에 대한 안타까운 마음도 있었는데, 방황하는 청소년들의 마음 밭에 제대로 씨를 뿌릴 수 있도록 기다려주고 관심을 가져주는 가족 같은 어른이 많았으면 하는 마음도 새겨본다.

'우리가 가정을 통해 진심으로 배워야 할 것은 사랑하는 사람을 올바로 사랑하는 방법이다.' 라고 했던 최인호 작가의 말이 새삼 떠오른다.

결국 올바로 사랑하는 방법은 부모의 사랑으로 자녀가 잉태될 때 시작되어 좋은 대물림으로 이어져야 하지 않을까 싶다. 그리고 살아가면서 편안한 마음을 갖기 위해 노력하고 좋은 관계 속에서 함께 어울려 행복하게 살아내는, 우리 모두가 자기 인생의 주인공이 되어야 하지 않을까?

상담은 사회가 급변할수록 더 필요하고, 상담가로 살아가는 삶 또한 그 의미도 더해 가는 것 같다. 상담을 통해 힘들어하던 사람이 자기 인생의 주인공으로 잘 살아가는 것을 바라보는 기쁨은 아주 크다. 더불어 삶의 치유예술 푸·놀·치 덕분에 상담의 치료적 성과도 빠르게 나타나고 효과가 지속되니 더욱더 감사한 나날이다.

오이에서 피어나는 삶의 기쁨

'잠시 멈춰!'

나를 돌아보며 진정한 자신을 발견하고 성숙한 사람으로 성장하는 시간을 갖는 것은 정말 중요한 것 같다. 특히 타인과 마음을 나누고 상담 공부를 하고자 하는 사람에게는 자기를 만나는 시간이 꼭 필요하다.

하루도 조용할 수 없을 정도로 많은 아이가 떠들썩하게 오가며 상담교사들이 북적이는 두리마을학교의 일정은 늘 바쁘다. 그런 바쁜 일상에서 나 자신을 먼저 돌보는 것은 중요하다. 잠시 잠깐의 휴식이라도 더 큰 성장의 시간이 될 수 있다.

그래서 나는 잠시라도 시간이 나면 어디서든 푸드표현 활동을 한다. 그렇다고 남들이 감탄할 정도로 멋지게 잘 꾸미고 잘 표현하는 것은 절대 아니다. 그냥 내가 좋아서, 그야말로 장난하듯이 한다. 음식을 준비하기 위한 도마 위에서, 계란이 익어가는 프라이팬 위에서, 식당의 식판 위에서, 김치를 담기 위해 절임을 하면서도 하고, 밀감을 먹으며 신문을 보면서도 열심히 손을 움직인다. 나의 무릎 위에서도 푸드표현 활동은 펼쳐진다. 심지어 먹고 난 과일 씨앗으로도 한 번 더 꽃을 피우게 하면 마음이 편안하다.

한국푸드표현예술협회에 입문하여 한참 푸드표현에 심취해 공부할 때였다. 학창 시절에도 미술 시간이 부담스러울 정도로 그림을 못 그렸기에 예술적 감각은 부족했지만, 과제로 주어진 하루 한편 '생활 속의 셀프 테라피'를 수행하며 나도 모르게 습관적으로 하게 된 것 같다.

남편의 술자리 맞은편에서 다양한 안주로 표현하다 보니 이제는 남편의 술좌석 동석이 지겹지도 않고 과제도 할 수 있어 좋았다. 그러나 남편은 "주변 사람 눈치 보이니, 제발 음식 가지고 장난 좀 치지 마라."라고 했다.

좋아하는 것을 길게 오랫동안 하려면 가족이 싫어하는 것은 눈치껏 해야 할 듯하여 어느 순간부터 차츰 횟수를 줄였는데, 언제부턴가 오히려 표현할 거리를 챙겨주며 "왜 오늘은 푸드표현 안 하는데?" 한다. 아마 그만큼 푸드와 놀고 있을 때 편안하고 행복해 보였나 보다.

〈무김치 절임, 가지나물 준비 중 생활테라피〉

〈무릎 위에서 피어나는 꿈 (금은화)〉 　　〈나비처럼 훨훨 싶은 마음〉

위 작품은 남편을 기다리면서 표현한 것이다. 특히 노란 접시에 조가비로 표현한 것은, 얼마 전 식당에서 남편이 표현하라고 주길래, 아무 생각 없이 나비로 표현했는데, 접시를 흘깃 보더니 "빨리 일어나라는 말이제?" 하면서 내 마음을 고스란히 읽어 내어 생각보다 술도 덜 먹고 돈과 건강을 챙기는 기회도 되었다.

⟨프라이팬 위 피어난 소시지 꿈나무⟩　　　　⟨정원 대야에서 푸드 힐링⟩

⟨손자와 푸드표현 놀이⟩

가끔 집에 다니러 오는 세살짜리 손자가 귤껍질이나 땅콩이 생기면 "할미 하는 거, 할미 하는 거~." 하며 자기 집에서도 표현할 거라 고집한다고 한다. 우리 집에 왔을 때는 표현할 재료만 있으면 같이 하자고 접시를 먼저 챙기기도 한다.

위의 밀감 껍질을 사용한 '손자와 푸드표현 놀이'는 손자가 두

돌이 갓 지났을 때의 이야기이다. 평소에는 정말 밝게 잘 놀고, 잘 먹고 늦게까지 잘 자는 아이인데, 하루는 이른 아침 눈뜨자마자 발버둥 치며 온몸으로 우는데, 달래도 소용이 없었다. 벌레에 물렸나 속옷까지 살피며 온 가족이 잠에서 깨어나 진땀을 빼고 있었지만 말이 통하지 않으니 모두가 답답하기만 하였다. 안고 달래는 딸의 얼굴도 사색이 되어 있고, 내가 아무것도 해줄 수 없다는 안타까움에 거실 바닥에 털썩 주저앉아 저녁에 먹고 밀쳐둔 밀감 껍질로 나도 모르게 표현을 하게 되었다. '도대체 이유를 알 수 없으니 참말로 답답하고, 난감하네~. 이렇게 버둥거리기만 하는데 우째야 하노?' 푸념만 늘어놓았다.

'우리, 할미 뭐 하는지 볼래?' 했더니 내 쪽으로 잠시 쳐다보더니 어느새 옆에 다가와 느낌표 모양을 작은 손으로 찢어 놓더니, 스르르 잠이 들며 조용해지는 것이 아닌가? 아마도 무서운 꿈을 꾸었나 보다. 작은 몸동작 하나지만 푸드표현으로 마음을 드러내 놓으니 안심이 되어 다시 잠들었던 참 신비로운 경험이었다.

나도 모르게 습관이 되어 무심결에 표현이 되지만 그 안에서 알아차림의 시간은 나를 정화하고 성장시킨다. 그리고 이론과 실제를 하나로 만들며 우리가 이루고자 하는 꿈을 향해 한발 한발 나아가고 있다.

표현의 재료는 앞마당의 갖가지 풀잎이나 화초가 표현의 재료가 된다. 솔방울, 조개껍데기, 마른 나뭇가지 등 일상의 식생활과 연관된 것뿐만 아니라 다양한 재료들이 마음 표현 재료로 사용될 수 있다. 언제든 내 마음 닿는 대로, 내 손끝에서 다양하게 표현할 수 있고 마음에 들지 않으면 잠시 두었다 다시 다양하게 변형할 수 있어 무엇보다 좋다.

나는 특히 오이로 표현하는 것을 좋아한다. 오이는 어릴 적 고향 집 텃밭 안쪽에서 잘 자라며 담장의 수세미랑 경쟁하듯 주렁주렁 많이 열려 배고픔의 해소와 좋은 간식의 대용품이었다. 그래서인지 초록색은 내가 가장 좋아하는 색(특히 연초록)이 되었고, 보는 자체만으로도 좋지만, 오이를 깎는 순간부터 느껴지는 싱그러운 냄새가 기분을 좋게 한다.

오이는 오감을 자극할 수 있는 좋은 재료이다. 무엇보다 표현하며 바로 먹을 수 있어 더 좋은데, 깨끗이 씻어 한입 베어 무는 순간 귀를 청아하게 열어주는 아삭거림과 입안 가득 퍼지는 향긋한 오이 향은 기분을 더 좋게 해 준다. 오이는 상큼한 향 덕분에 맛있게 먹고, 껍질까지도 사용할 수 있어 마음을 정화시켜주는 역할을 한다. 아침 반찬으로 사용하고 껍질조차 버리고 싶지 않아, 바쁜 아침 곧바로 표현하지 못하면 이제는 재활용 용기에 담아 냉장고에 넣어 두는 게 습관이 되었다. 오이로 푸드 표현을 하고 나면 뭔가 좋은 일이 생길 것 같고, 실제로 좋은 일이 많이 일어나기도 했다.

〈마음아, 쉬어라 그리고 다시 피어나라〉　　〈버려지는 과일 씨 한 번 더 꽃피우기〉
작은 정원 속의 행복 쉼터, 두리힐링센터에서

작품에서 표현한 것처럼, 힐링센터에서 많은 이가 함께 힐링하고 꿈을 키우는 공간이 되기를 바라는 염원으로 오이로 파도처럼 표현해 보았다. 이는 내 삶의 흔적인 여운처럼 아직도 출렁이고 있는 듯 아리는 그리움, 다시 힘을 내야 하는 에너지원이다.

힐링의 의미인 '쉼' 과 기다림을 표현하였다. 오이의 속살을 굵게 잘라 함께 쉬며 도약하기 바라는 마음으로 튼튼하고 포근한 의자를 만들었다. 그래서인지 이곳은 2년도 되지 않아 강사들의 요람이 되고 매스컴에서도 찾아오는 공간이 되었다.

이렇듯 내 마음 가는 대로 자기가 살아온 삶과 살아갈 삶을 푸드표현으로 해 본다면 자신이 누구인지 쉽게 알게 되고 그 과정에서 자기 삶의 참된 모습과 만나게 될 것으로 강하게 믿는다.

〈원푸드 표현 : 오이꽃 나무〉

〈오이와 함께 우리 두리, 꿈을 향해〉

03 푸드로 떠나는 맛있는
심리 여행

'열심히 일한 당신, 떠나라!'

여행사 홍보 문구처럼 단순히 지금 좀 쉬기 위해 떠나는 그런 여행이 아니다.

이것은 앞으로 남은 삶을 더 당당하고 신나게 잘 펼쳐가는 나의 틀을 깨기 위한 여행이며, 함께 하고자 하는 마음이 있는 사람들과 다시 한번 힘차게 떠나는 인생의 치유 여행이자 힐링 여행이다.

심리상담사의 길을 걷고 있는 나는 내담자에게 작은 도움이라도 주어야 한다는 생각에 부담감으로 힘들 때도 있다. 아름다운 세상을 위해 누군가는 해야 할 일이기에, 누군가의 부탁을 거절하지 못해서, 그 사람의 사연이 머리에서 떠나지 않고, 눈에 밟히며 마음이 가게 된다. 상담가들은 명상이 자기 돌봄과 알아차림에 도움이 된다는 것을 잘 알고 있다. 그러나 바쁜 일상 속에 시간을 쪼개어 명상의 순간을 갖기가 쉽지 않다. 나는 하루에 한두 번 밥상과 마주하며 쉽게 할 수 있는 푸드표현 셀프 테라피를 한다.

미적 감각이 뛰어나지는 않지만 표현하는 그 순간 나에게는 무념무상의 명상과 같다. 〈푸드표현예술치료 이해와 실제〉(2011)에서 "음식(food)재료를 다듬고, 자르고, 꾸미고, 먹으며 스스로 자기만족감이 높아지며, 흥미로운 몰입 경험 속에서 창의성이 향상된다. 즐거움과 성취감이 고취되어 자신감과 행복감이 높아지고 일상생활에서의 문제해결력도 높아지는 체험을 할 수 있다."라고 하였는데 이는 직접 자신이 푸드표현을 해봄으로써 더욱 이해할 수 있다.

현대 정신과학이 말하는 조화로운 삶의 화음을 위해 마음속 깊이 명상 상태에 들어가기 위해 푸드 매체를 통한 Freud의 심리성적 발달 단계 중 1단계 구강기 욕구를 해소시켜주는 근원적인 문제 해결은 어찌 보면 자연스럽다. 푸드표현에 몰입하여 만들어내는 작품은 정서적으로 자신과의 깊이 있는 만남으로 이어져 자신을 들여다보고 삶을 통찰할 수 있는 지혜의 순간을 경험하게 된다.

〈두리 정원에서 피어난 꿈들〉

〈꿈을 가득 실은 여행〉

〈함께여서 더없이 행복!〉

〈생명 잉태〉

존 러스킨은 '인생은 흘러가는 것이 아닌 성실로 이루어져 가는 것으로, 하루하루를 보내는 것이 아닌 자신이 가진 것을 채워가는 것이라야 한다.' 라고 말했다. 이 말을 다시 가슴에 새기며, 지나온 시간 너무 많은 도움을 받고 살았기에 이제 그 사랑을 성실로 돌려 드려야 할 때인 것 같다. 그 의미를 잘 알기에 앞으로 나의 삶이 지금보다 더 행복할 것이라 믿는다.

〈땅속 에너지의 사랑〉

〈영양 듬뿍 받은 믿음〉

〈함께여서 더없이 행복!〉

'하나를 받으면 둘로 갚으라.'는 어릴 적 아버지의 가르침은
'감사함을 잊지 말고, 나누며 살라.'는 말씀으로 지금까지 내
삶의 이정표 역할을 해왔다. 봄이면 물이 많은 논에 지천으로
피어나는 보라색 자운영꽃과 분홍색 패랭이꽃을 무척 좋아하시
던 당신을 닮아 그 꽃들을 볼 때마다, 귀한 가르침으로 되살아
나기에 힐링센터에도 가장 먼저 심은 꽃들이다.

이렇듯 인생 후반기 두리의 진정한 꿈은 '함께 더불어 행복해지기'이다. 그 꿈이 푸드표현으로 이어질 때 가장 잘 실현되고 나 자신도 행복할 것이라 믿기에 시끌벅적하지만 사람들이 오는 것을 좋아하고 반긴다. 누구든, 언제든, 일상이 허락하는 대로 두리힐링센터를 방문하여 텃밭의 고구마도 함께 캐고, 민들레 작은 노란 꽃잎과 절구통 물속의 빗방울 마주치는 소리에 잠시라도 모든 것을 내려놓고 '멍 때리며' 명상하면 더욱 좋을 것이다. 비파나무 위의 새들의 합창소리 들으며 잠을 깨는 아침, 푸드표현과 함께 행복해하며 다시 피어날 그 날을 기쁘게 기다리고 있다.

오늘도 작은 풀잎 하나에 오래 눈길 머무른 후,
우리들의 삶처럼 여러 색깔의 초콜릿과 땅콩을 주재료로

바닷속에서는 누구든 숨 쉬어야 하기에 "숨"을,
바다 위에서는 살아갈 희망을 위해 '쉼'을 의미하는
푸드 작품을 간직하고 싶어 애정을 담아 표현해 보았다.

삶은... 숨과 쉼이어라!

〈숨〉　　　　　　　　　　　〈쉼〉

파도 없는 바다...

참다운 나눔의 가치는 푸드표현을 통해 날마다 손끝에서 일어
나고 있다. 가슴으로는 행복을 가득 담아 지금 이후의 삶이 필
요한 곳에 선한 영향력으로 피어나길 바라는 만큼, 그 목표를
향해 조금씩 뚜벅뚜벅 함께 걸어갈 소중한 동무들을 간절히 기
다린다.

〈봄〉　　　　　　　　　　　〈여름〉

〈가을〉

〈겨울〉

〈두리힐링센터의 사계〉

04

나의 꿈 위에
너의 꿈을 얹다!

월리엄 제임스는 보통의 평범한 사람들은 살아가며 자신이 가진 능력의 10% 정도를 사용한다고 말했다. 자신의 잠재 능력을 개발하지 못한 사람들을 염두에 두고 한 말이었다. 그렇다면 나는 반평생을 넘게 살아오며 내가 가진 능력의 얼마를 발휘하며 살았을까?

전문가들과 함께 '10인 10색 푸드표현 마음 요리' 책을 하루 10분씩 쓰는 시간을 가지며, 지나온 나의 60년을 되돌아보는 시간을 가졌다. 내가 지금까지 가진 잠재력을 얼마나 개발하며 몸과 마음이라는 자원을 활용하였는지 생각해 보았다. 이제 '다시 꾸는 두리의 꿈' 을 향해 나의 살아온 지난 삶을 점검하는 시간을 가지며, 두리의 인생 시나리오를 재정비하였다.

"둘순"이란 나의 이름! 토속적인 향기가 물씬 풍기는 평범하지는 않은 이름이다. 이름은 평생을 따라다니며 불리기에 중요한 의미가 있다. 나의 둘순이라는 이름은 '둘러서 아들'이기를 바라는 어른들의 마음으로 지어진 이름이다. 그 때문인지 모르지만 나는 성장 과정에서 이미 강인하고 활달한 성격에 친구들과 어울려 뛰어놀기를 좋아했었던 것 같다.

'너는 커서 뭐가 될래?' 라는 질문을 누군가 하면 나의 대답은 어린 시절부터 '간호사요! 선생님요!' 입버릇처럼 말했었는데 그렇게 마음에 담고 열심히 살아온 덕분인지 10여 년은 간호사로, 30여 년은 간호대학의 교수와 보건교사였으니 나의 꿈은 이룬 셈이다.

그런데 늘 마음속에 쉼의 공간이 될 수 있는 '힐링센터'에 대한 꿈은 떠나지 않아 푸드표현을 할 때마다 손끝에서는 따뜻하고 편안한 상담실, 큰 나무와 정원을 만들어내고 있었다.

〈사랑이 가득한 힐링센터의 꿈 이야기〉

〈그네 타는 아이(내면 아이)〉

〈함께여서 다시 피어날 수 있는 꿈〉

"좀, 엔가이(어지간히) 해라."

막상 명예퇴직 시기가 다가와 서서히 준비를 구체적이고 적극
적으로 할 때쯤에는 "왜 그렇게 머리 아픈 일을 벌이려고 하는
데? 돈벌이가 되는 것도 아니고, 도대체 이해할 수가 없어.' 라
며 주변인뿐만 아니라 가족들도 심하게 반대했다. 그간 열정적
으로 열심히 살아왔으니 이제는 편히, 하고 싶은 것 하고 살았
으면 좋겠다고 말해도 이해를 못 했다. '저러다 지치면 말겠
지.' 하면서도 가족들의 관심이 간섭으로 느껴져 갈등을 일으키
기도 했다.

예전의 내 삶의 모토는 미국의 심장 전문의 로버트 엘리엇
(Robert S. Eliet)이 말한 '피할 수 없으면 즐겨라.' 였지만, 이제는
'선한 영향력을 나누는 사람으로 살자.' 라는 것이다. 그런 생각

을 하고 있었기에 굽힐 수가 없었다. '두리두리' 나의 이름대로 살고자 하는 것이다. 그러기에 가까운 지인이, 개명하는 것이 예전처럼 어렵지도 않으니 예쁜 이름으로 바꾸라고 권유도 하지만 나는 단호히 "지금 제 이름이 좋아요!" 하며 귓등으로 흘려듣는다.

어느 곳에서든 필요한 사람이라고 어느 교장 선생님께서 '두리두리 강 선생님' 이라는 별명을 붙여 주셔서 그것이 나에게는 애칭이고 애명이 되었는데, "하나보다는 두리"의 내 삶과 무관하지 않다. 특히 청소년들에 관심이 많은 나는 보건교사 생활 중, 학교 현장에서 직접 활용할 수 있는 체험형 프로그램 개발에 노력하였고, 그와 관련된 활동들에 푸드표현 기법은 정말 많은 재미와 의미를 더하는 수업이라 에너지를 쏟을 수 있는 활력소가 되었다. 푸드표현도 애명처럼 두리두리 활용을 아끼지 않았다. 의학 서적 더미에 지쳐 힘겨워하는 간호대학 학생들과 활짝 웃을 수 있는 기쁨들도, 푸드표현 수업이 있었기에 사진 속 추억으로 남아 더없는 행복감을 주었다. 이제 나의 노년기를 바라보며 새롭게 삶을 정비하고, 인생 시나리오를 다시 작성하여 꿈을 이루는 시간을 나누고자 한다.

더 당당하고 신나게 엮어가기 위한 여행, 바로 '꽃게마을 두리학교' 교장으로의 힘찬 출발이다.

이미 두리심리상담연구소가 든든한 버팀목의 역할을 하고 있어 명예 퇴임을 함과 동시에, 전공으로 공부한 것을 중심으로 도교육청과 지역 교육청의 위탁사업을 운영하게 되어, 강사님들이 도내 곳곳의 학교에서 꿈을 펼쳐 나갈 수 있는 명실공히 강사들의 요람 역할을 하고 있다. 특히 학생 특별 심리치료 및 교원 심리상담 기관으로 지정되어 학생과 교사들의 마음 쉼터 역할을 하는 평생의 소망이었던 '통영 두리힐링센터'를 운영하는 나의 꿈이 이루어졌기에 바쁜 와중에도 나날이 감사한 마음으로 살아간다.

2021년, 5월 초 시작된 꽃게마을 두리학교는 초·중·고를 대상으로, 학기 중 주 2회 수업으로 오후에 진행되고, 수업내용은 〈공부야 놀자~ 푸드학습 코칭반〉, 〈아하! 내가 만드는 좋은 세상 만들기〉로 거의 활동 체험 수업으로 진행되고 있으며 잘 마쳤다.

특히 푸드학습 코칭 수업은, 자신이 체험한 음식들을 즐거이 먹기도 하고, 식사 제공뿐만 아니라 직접 갓 구운 빵이 간식의 역할을 할 수 있어 만족도도 매우 높았다. 푸드표현 수업은 뻥튀기, 바나나, 사탕 등 주변에서 구하기 쉬운 재료로 활용 가능하다. 초코파이는 훌륭한 교재다. 겉은 초콜릿에, 속은 마시멜로 인 점을 활용해 자신의 외양과 내면의 차이점과 공통점을 이해 하도록 일깨워주면 쉽게 '알아차림'이 일어나고, 그만큼 행동 변화도 긍정적으로 나타났다. 꼬깔콘으로 꿈 탑 쌓기 활동은 집 중해서 최대한 높이 쌓아야 한다. '넘어져도 괜찮아. 다시 일어 나면 돼.'라는 주제답게 교사는 '할 수 있다.'는 자신감 부여를 통해 행동 변화의 엔진 역할만 해주면 된다. 하루하루 달라지는 모습에 본인들도 놀라지만, 교사들까지 즐겁고 활기찬 시간의 연속이라 또한 감사하다.

함께 행복을 꿈꾸는 '꽃게마을 두리학교'를 표현한 '공부야 놀 자' 푸드학습 코칭반 학생들의 작품이다.

〈저는요, 선장이 될 거예요〉
밀감으로 꽃게 표현

〈저는요, 물리학자가 될 거예요〉
뻥튀기와 색과자로 그네 표현

〈저는 농부요〉
정원에 핀 다양한 꽃을 표현

〈저는 패션디자이너요〉
텃밭의 재료로 꿈 표현

학년 차이가 많이 나서인지, 첫 만남에선 자기소개나 인사조차 쭈뼛거리던 초등과 고등부 아이들이 푸드 표현으로 쉽게 나눔을 하니, 나중에는 먼저 발표하려 애쓰고, 서로 위로하며 가족처럼 함께하는 모습에 보람을 더욱 느낀다.

사실 시작할 때에는 크게 염려되는 것 두 가지가 있었다.

첫 번째는, 조용한 마을이라, 학생들 떠드는 소리가 폐가 되지는 않을까 하는 것이었다. 처음에는 수업을 마치고도 가지 않고 함께 어우러져 뛰노는 아이들 조심시키기 바빴다. 다행히 이장님을 비롯한 마을 어르신들께서 아이들의 뛰놀고 웃는 소리에 활력 넘치는 행복한 마을이 되었다고 하시고, 아이들이 인사할 때마다 반기는 손짓으로 "좋다, 고맙다."라고 하시어 감사했다. 오히려 옥수수, 오이, 가지, 감자 등 손수 기르신 야채들도 듬뿍 가져다주셔 간식거리도 되지만 푸드표현의 좋은 재료로 사용된다.

또 하나의 걱정은 '학원 가기 바쁜 학생들이 누가 신청할까?' 하는 것이었는데, 처음 염려와는 달리 신청 정원이 마감되었음에도 수강을 요청하는 부모님들도 계셨다. 어떤 분은 이곳도 학교이니 성적에 도움 되게 해주느냐고 묻는 분도 계시고, 학원 시간에 촉박할까 봐 염려하시는 분도 계시긴 했지만, 그날그날 학생의 작품이나 활동 내용을 개별 문자로 보내어 가정에서도 연계될 수 있도록 노력하였다.

물론 다듬고 먹고 표현하고 노는 이런 활동들이 당장의 학교 성적과는 거리가 멀다. 스티브 잡스는 청소년 시기에, 틀에 박힌 정규과목이 아닌 캘리그래피 과목을 청강했는데, 이 수업이 훗날 애플 혁신의 밑그림이 되었다고 했다. 현재 배우고 있는 것들(푸드표현, 인지활동, 금연 및 성교육 등)이 지금 당장은 도움이 안 될 수도 있지만, 시간이 흐르면 아이들의 삶에 긍정적인 영향으로 이어질 것이라는 믿음을 나는 확실히 갖고 있다.

'꽃게는 옆으로 걷는 것이 자신의 입장에서는 바로 걷는 것인 것처럼, 표현하는 방법만 다르지 누구에게나 다가오는 청소년

시기의 방황이 결국 혁신으로 이어지기까지 어른들이 관심을 가지고 기다려줘야 한다고 생각한다.

힐링센터 두리학교는 평생의 소원이었던 나의 꿈이 펼쳐진 힐링 공간이다. 퇴직금으로 매입한 이층집을 리모델링하여 예쁜 꽃이 가득한 정원을 꾸몄다. 정원 한쪽에 고구마, 옥수수, 당근, 고추 등을 키우는 작은 텃밭도 있다.

이 힐링 정원은 마음껏 뛰놀 수 있는 아이들의 심리, 정서적 만족감과 교육 효과가 극대화되는 데 많은 도움이 되고 있다. 바쁜 일상이지만 내가 작은 정원에 갖가지 풀꽃을 가꾸는 이유가 있다. 이는 활동을 위한 재료를 직접 채취하는 경험으로 자연과 더 가까이 갈 수 있고, 우리 아이들이 어른이 되기 전 다양한 체험 활동의 장으로 편리하게 사용하기 위해서이다. 어른이 된 아이들의 기억 속에 길거리를 지나가다 비슷한 작은 풀잎에서도 '아, 저거 예전에 본 듯한데, 뭐지?' 하고 잠시 발걸음을 멈출 수 있는, 여유가 있는 삶이기를 바라기 때문이다.

〈텃밭에서 표현할 재료 구하기〉

〈정원 곳곳에서 꿈의 보물 찾기〉

〈비파 따기〉

말 그대로 '공부야~ 놀자!' 이다. 텃밭과 정원에서 표현할 재료를 직접 구하고, 놀며 먹으며 푸드표현을 한다. 정원에서 푸드 재료로 비파를 딸 때 "형아, 내 것도 좀 따줘요!", "그래, 알았다고! 기다려!" 서로의 고함이 온 마을에 퍼져나갈 때처럼, 머지않아 또 다른 학생들이 정원의 교정을 온몸으로 살피며 들어올 것이다. 이곳에서 무엇을 할까 궁금해하며, 낮은 나무 울타리의 교문을 떠들썩하게 밀고 들어오는 상상만 해도 입가에 미소가 떠오른다. 아이들과 함께하는 푸드표현 창의적 예술 활동으로 민들레 홀씨 되어 보기, 콩나물 기르기, 봉숭아로 손톱 물들이기, 비파 따기 등을 체험하는 아이들의 왁자지껄한 소리가 이미 귓가에 맴돌고 있다. 그 시간이 기다려진다.

내가 좋아하는 세상 만들기의 자아존중감 향상반 아이들 작품이다.

〈안녕, 가는것 아니고 오는 거예요〉

〈함께 꿈을 펼치는 정원〉

〈비파 열매를 기다리는 바다〉

〈두리정원에서 꿈을 찾아 미래의 꿈을 표현〉

'무비(無非), 길이 아닌 길은 없습니다.'

1. 사랑하는 자녀들, 너무 예쁘지만 때로는 자녀들로 인해 마음 지옥을 느끼기도 합니다.

마음속 전쟁에서 승리하고 편안해지는 방법을 한번 제안해 봅니다.

일. 냉장고를 열어 이끌리는 푸드 재료를 꺼냅니다.

이. 재료를 보며 기분이 좋아지는 생각을 해봅니다.

삼. 기분이 좋아지지 않으면 일단 먹으며 뇌가 기분 좋아지는 생각 연습을 합니다.

사. 무언가 떠오르면 손가는 대로 표현해 보세요.

오. 그래도 안 풀리면 더 쌓이기 전에 주변에 도움을 요청하세요.

2. 부모의 마음 정원을 가꾸기 위해 내가 매일 지속적으로 할 수 있는것은 어떤 것이 있을까요? 그 목록을 적어봅니다.

----

3. 당신은 어떨 때 가장 편안하고 행복하다는 느낌이 드시나요?

지금 혹시 자신의 마음속에 이끌리는, 정원이나 냉장고 속에서 눈길이 가는 푸드 재료가 있나요? 어떤 표현을 하고 싶으신가요?

자신을 믿고 손 가는 대로 마음 여행을 한번 해보세요.

기분 좋은 생각을 하면 우리 뇌가 행복 호르몬을 뿜뿜! 방출해 기분이 좋아진답니다.

4. 어떤 순간이 나에게 진정한 '힐링' 혹은 '쉼'이 될까요?

혼자 있을 때, 누군가와 함께 있을 때, 아무것도 안 할 때,

할 일을 마쳤을 때, 하늘을 쳐다볼 때 등 어떤 것이라도 좋으니 자신이 가장 편안하고 행복을 느낄 때는 어떨 때인지 그냥 떠오르는 대로 기록해 봅시다. 그리고 가끔씩 그 힐링의 순간을 음미하고 누리세요.

그리고 그 순간을 머릿속에 그려보세요.

혹시 푸드로 표현해보시면 어떨까요? 마음이 더 행복해질 거예요.

----

5. 당신이 진정 이루고 싶은 꿈은 무엇인지요. 그 꿈을 이루기 위해서는 어떤 준비가 필요할까요. 당신의 꿈을 이루기 위해 이미 가지고 있는 자원을 살펴보면 어떨까요?

첫째, 당신은 이미 충분한 심리적, 신체적 자원을 가지고 있답니다.

둘째, 꿈을 이룰 수 있다는 신념을 생각하세요.

셋째, 매일 조금씩 꿈과 연관되는 실천을 할 수 있는 만큼만 해봅니다.

넷째, 매일 아침과 저녁 머릿속으로 꿈이 이루어진 동영상을 생생하게 그려 보세요.

다섯째, 우리가 꿈을 놓지 않고 계속 꿈을 향해 매일 조금씩 나아간다면 어느새 꿈은 현실이 된답니다. 두리의 경우도 그랬어요.

'무비(無非), 길이 아닌 길은 없습니다.'

강민주

- 철학박사(상담심리 전공)
- 한국푸드표현예술치료협회 이사, 경기남지부장
- 경기남부스마트쉼센터 강사 및 상담사
- 다원심리상담교육센터 전문상담사
- 힐러스협동조합 이사, 전문상담사
- klsh0519@hanmail.net

PART_3

● ● ●

인생의 절반에서
알게 된 행복

강민주

철학박사(상담심리 전공)

불안이 똑똑!!

　　　우리는 살아가는 동안 끊임없이 사회적, 개인적인 문제에 직면하게 된다. 특히 요즘처럼 눈에 보이지 않는 바이러스와 더불어 살아가며 사회적 거리 두기를 하는 상황에서는 더욱더 마음이 무거워지고 불안해진다. 이런 상황에 대한 염려와 그로 인한 사건들로 인한 통제력 부족에서 수반된 보편적인 감정 상태가 불안이다. 그러나, 불안은 자연스러운 심리적 반응으로써 불안을 암시하는 경우도 있으므로 한편으로는 건강한 기능을 가지고 있다고 볼 수 있다. 불안을 느끼면 일반적으로 숨 가쁨, 두근거림의 생리적인 현상과 걱정 및 두려움의 감정을 동반한다.

불안(不安)의 사전적 의미를 보면, 마음이 편하지 않고 조마조마하며 분위기 따위가 술렁거려 뒤숭숭하고, 몸이 편하지 않은 상태를 말한다. Freud(프로이트)는 불안을 사람들이 대부분 경험하는 정상적인 감정 반응으로 보았다. 불안은 어떤 일을 미리 방지할 수 있다는 점에서는 긍정적인 도움을 줄 수 있다. 그러나 위험이 없는 상황과 위험의 정도보다 과도하게 느끼거나 상황이 사라졌음에도 과도한 불안을 지속적으로 느끼고 있는 경우를 불안장애라 한다. (권석만, 2016)

일상생활에서 찾아오는 불안은 다양하다. 불안의 크기는 아주 사소한 것부터 생각하지도 못한 거대한 크기의 불안도 있다. 불안을 일으키는 원인을 뇌의 신경회로 안에 신경전달물질이 과도하거나 부족하여 과거의 경험과 현재 상황을 받아들이는 정보를 해석하고 판단하는 인지적인 측면으로 보고 있다. (서울대학교병원 의학 정보)

하루가 시작되는 아침에 우리 마음의 문을 두드리는 불안을 따라가 만나 보았다. 집단 상담이 1교시부터 있는 분주한 아침, 알수 없는 두근거림이 찾아왔다. 이 두근거림은 무엇일까? 어디서 찾아온 것일까? 노크 소리에 귀를 기울여 본다. 오늘 수업이 진행되는 학교는 처음 가보는 곳이다. 운전을 10년 이상 했어도 새로운 곳에 가야 할 때는 걱정이 찾아온다. 실수하지 않고 잘 찾아갈 수 있을까? 내비게이션이 안내하는 대로 잘 도착할 수 있을까에 대한 두려움과 주차에 대한 염려가 있다. 운전을 시작할 때 주차를 잘못해 사고를 낸 경험이 많아서다.

불안에 대한 나의 이야기를 듣고 학생들은 영어 학원에서 단어 시험이 있는데 아직 다 외우지 못해 시험을 잘 볼 수 있을까 걱정한다. 이는 외워야 하는 단어와 시험에 나올 단어의 수가 일치하지 않기 때문이다. 수업 시간에 과제 검사를 하는데 아직 다 못해 걱정이다. 우리 선생님이 반 전체의 숙제를 검사하지 않는 분으로, 경우에 따라 숙제하지 않아도 될 때가 있기 때문이다고 나누어주었다.

내가 개인 상담을 진행하고 있는 40대 후반의 한 여성은 걱정 때문에 가슴이 두근거리고 잠을 자는 것도 힘들어 일상생활에서의 불편함을 호소하였다. 아들이 아파 병원에 내원하여 크론병(Crohn's disease)일 가능성이 있다는 말에 불안이 시작되었다고 한다. 10년 전, 언니가 췌장암으로 사망하고 3년 후 아버지도 췌장암으로 사망하였다. 2년 전에는 어머님이 파킨슨병으로 고생하다 돌아가셔서 병으로 인한 심리적, 신체적으로 어려운 상황을 경험하였는데 아들이 평생 크론병과 같이 살아야 한다는 의사의 말에, 그녀의 마음의 문을 노크한 것은 불안이었다. 하루에도 몇 번씩 노크하고 있다고 한다.

불안이 노크하면 우리는 먼저 신체적 반응으로 호흡이 빨라지고 가슴이 두근거리며 혹시 모를 위험에 대한 대책을 찾게 되며, 심리적인 고통스러움과 불편함 때문에 벗어나려 한다. 그렇지만 사실 불안이 한 노크는 위험이나 위협하는 상황을 미리 대비하기도 하고 행동할 수 있는 기회가 되기도 한다. 그러나 그것보다는 과거의 기억과 불확실함에 더 힘들어하는 상황이 많다.

마음의 문을 노크하는 불안에 대해 우리가 어떤 반응을 하는가에 따라 상황은 달라질 수 있다. 누군가 우리 집에 찾아와 벨을 누르면, 우리는 바로 문을 열어주지 않는다. 물론 기다리던 소식이나 사람이 찾아왔다면 아무런 의심 없이 문을 열어줄 것이다. 그러나 만나고 싶지 않은 친구, 가족이 벨을 누를 수도 있고, 동네 꼬마 녀석이 장난으로 벨을 누를 수도 있다. 또 목적을 가지고 찾아온 모르는 사람이 있을 수도 있다. 이런 상황에서는 집에 있으면서도 없는 척하며 그 사람이 가길 기다리거나, 필요 없다고 분명하게 자기 생각을 표현하기도 한다.

어느 날 나에게 예고 없이 불안이 찾아와 노크한다면 자세히 들여다보는 것이 필요하다. 내가 무엇을 원하는지, 무엇을 피하고 싶은지, 혹은 지켜볼 수 있는지 말이다. 불안이 찾아와 노크하는 것은 우리가 해야 할 일에 대해 미리 준비하라는 시간을 주는 것은 아닐까. 오래전 있었던 교통사고는 운전 시 나에게 노크를 하게 한다. 특히, 모르는 곳을 운전하고 가야 하는 상황에서 불안이 노크할 경우 나는 가는 길을 탐색하며 불안과 조우하는 시간을 갖는다.

내가 원하는 것은 안전 운전으로 학교에 도착해 아이들과 즐거운 마음으로 수업하는 모습이므로 미리 상상하여 나를 안전하게 준비하는 시간을 가질 수 있다. 불안이 똑똑! 잠깐 멈춤의 시간을 가지고, 불안이 찾아온 이유를 들어주고 학교에 도착해 아이들과 수업하는 모습을 떠올려 마음이 편해지는 준비를 거쳐 운전을 시작한다.

우리의 마음은 참 오묘하다. 몸과 마음은 하나로 연결되어 있기에 오래전의 부정적인 경험이 세포에 각인되어 생명을 보호하라는 메시지를 전달한다. 그것을 알아주고 어루만지며 지금, 여기(here and now)에서 일어나고 있는 생각이나 감정을 잘 돌보고 만나는 시간을 갖게 된다면 불안은 내 안에서 잠시 머물다 돌아가게 된다.

〈불안이 노크해요〉
불안이 흔들어 놓은
나의 마음

〈불안이 노크해요〉
불안은 수시로 올라와
나의 마음을 노크하지만,
그것은 나의 마음에
피는 꽃과 같다.

생각 뒤집기

우리는 삶에서 크고 작은 역경과 스트레스라는 장애물을 만나게 된다. 요즘은 코로나바이러스라는 장애물이 제일 크게 우리 앞에서 버티고 있다. 이 장애물을 대하는 우리들의 태도는 다양하다. 면역력을 키우기 위해 열심히 운동하는 사람, 위험하다고 외부활동을 하지 않는 사람, 예전과는 다른 일상으로 우울에 빠진 사람, 어려운 상황을 극복하기 위해 또 다른 도전을 하는 사람 등 이렇게 다양한 반응이 나타나는 것에는 마음의 근육(心力)과 관련이 있다.

'회복탄력성'이라는 단어를 들으면 가장 먼저 탄력이라는 단어가 주는 이미지를 떠올리게 된다. 뛰어 오르는 듯한 힘 또는 멀리 튕겨 나가는 것이 연상될 것이다. 회복탄력성(resilience)은 역경이나 스트레스를 극복하고 삶을 살아가는 데 성공적으로 적응하는 긍정적인 힘(Dyer & McGuinness, 1996)으로, 도전적인 환경과 변화에 긍정적으로 적응하고 개인적인 발달을 포함하는 역동적인 개념이다(Gu & Day, 2007).

회복탄력성은 역경이나 스트레스 상황에서 유연하고 융통성 있게 문제를 해결하고 변화하는 환경에 적응하며, 자신에게 긍정적인 방향으로 이용할 수 있는 인간의 전체적인 능력이다. 이 능력은 긍정성, 자기조절 능력, 대인관계 능력으로 구성되어 있다(김주환, 2011). 회복탄력성을 발휘해 고난과 어려운 자신의 처지를 극복한 닉 부이치치, 폴 포츠, 이지선 같은 아름다운 사람들을 보면 감동하게 된다.

〈화려한 봄날〉

〈다양한 나의 자원〉

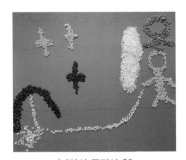

〈삶에서 만날 수 있는 역경〉　　　　　〈나만의 긍정의 힘〉

회복탄력성을 생각하고 표현한 작품들 중 〈삶에서 만날 수 있는 역경〉은 20대 후반의 직장여성이 표현한 것으로 자신의 인생길에 대한 생각을 드러냈다. 길을 가는 동안 다양한 장애물을 만나게 되겠지만 자신 안의 긍정성과 회복탄력성으로 극복한 모습을 나타냈다. 표현 후 기분이 좋아지고 자신의 인생길에 대한 자신감이 생겼다고 하였다.

중년의 진경 씨는 일방적인 소통방식을 가지고 있는 남편과 깊이 있는 대화가 안 되는 상황으로 힘들어하였다. "난 왜 이 사람이랑 깊이 있는 대화가 안 될까?" 나의 이야기를 들어주는 것만으로도 행복하다고 남편에게 아무리 이야기를 해도 알아듣지 못하고 자신의 방식만으로 소통하는 남편이 스트레스였다.

주변 상황이나 상대방의 감정은 고려하지 않고 자신의 방식대로 강행하는 성향의 남편과 함께 가야 하는 여행이 제일 싫었다. 앞이 보이지 않는 구덩이로 끌려가는 것 같아 스트레스가 최고 수치까지 올랐다. 심리적인 스트레스는 신체에도 이어져 우울함과 무기력함으로 어려움을 겪고 있었다. 구덩이에서 탈출할 수 있는 방법을 찾고 싶었다.

진경 씨는 스트레스 상황을 개선하기 위해 먼저 주변에 도움을 요청하여 문제를 혼자 고민하려 하지 않고 다양한 조언을 들었다. 또한, 자신에게 도움이 되는 강의를 듣고 필요한 책을 읽기 시작하였다. 이 과정에서 자기 안에 있는 강점과 자원을 찾아 계발하는 것의 필요성을 알게 되었고 자기계발과 학업을 통해 긍정성을 향상시켰고 다양한 관점의 변화가 시작되었다.

변화가 시작되며 예전과는 다르게 남편의 일방적인 소통과 행동들을 바라보는 관점이 달라졌다고 느꼈다. 남편과의 여행에 스트레스를 덜 받게 되었고, 남편의 행동과 노력을 인정하며 스트레스가 감소되었다. 구덩이 속에 있던 상황이 조금씩 달라지며 희망의 빛이 보였다. 진경씨의 변화에 남편도 자신만의 소통 방식을 강요하는 횟수가 줄어들고 있으며 상대방의 입장에서 생각하려는 모습을 보인다고 한다.

사람들은 대부분 주어진 상황을 현실보다 더 비관적으로 받아들여 문제를 심각하게 만드는 경향이 있다. 이는 상황을 악화시키고 자신을 자책하게 만든다. 그러나 진경 씨는 상황을 다른 관점으로 보기 시작했고, 긍정적인 방식으로 해석할 수 있게 되었다.

우리 안에는 누구나 회복하고 싶은 욕구가 잠자고 있다. 자기 자신이 그 사실을 모르고 있을 뿐이다. 모두가 잠자고 있는 자신 안의 회복력을 깨울 수 있다면 역경 또는 스트레스를 이겨내고 또는 앞이 보이지 않는 구덩이에서 튀어 오를 수 있다.

우리는 자기 안에 회복력이 있다는 믿음이 있어야 한다. 건강한 몸을 위해 음식을 먹을 때 꼭꼭 씹어 소화에 도움이 되도록 하듯이 마음도 마찬가지로 잘 돌보아서 마음 근육을 강화시켜야 한다. 어려움에 처하면 탄성력을 발휘해 점프할 수 있는 자신 안의 회복력을 잘 발휘할 수 있도록 긍정 정서를 꼭꼭 씹어 먹는 훈련을 해보자. 일상에서 밥상을 마주할 때마다 자기 안에 존재하는 회복력을 생각하며 밥알을 꼭꼭 씹듯 마음을 훈련하는 시간을 가진다면 어느 순간 달라짐을 경험할 수 있다.

모든 것은 나에게 달려 있다.

보통의 많은 사람들의 경우, 과거의 어렵고 괴로웠던 상처로 인해 부정적인 모습으로 변하기도 한다. 그러나, 건강해질 자신의 모습을 상상하며 회복탄력성을 깨우기 위해 노력한다면 어느 순간, 달라진 자신을 만날 수 있을 것이다.

〈내 안의 나를 만나다〉

03

행복 뽑기

우리는 행복을 소망한다. 행복은 사람마다 기준과 느끼는 정도의 차이가 있으며 자신의 삶이 불행해지기를 원하는 사람은 없다. 사람들이 원하는 행복한 삶이란 어떤 것일까?

행복(happiness)은 '생활에서 충분한 만족과 기쁨을 느끼는 흐뭇한 상태'(국립 국어원, 2021)을 의미한다. 그러나 같은 상황이라도 누구나 똑같이 행복을 느끼는 것은 아니다. 대다수의 사람들은, 자신만의 기준을 가지고 있어 그 기준이 충족되어야만 행복하다고 느끼게 된다. 그러므로 다른 사람의 행복이 자신이 생각하는 행복과 다를 수도 있고, 또 스스로 행복이라 느끼는 것이 다른 사람에게는 아무것도 아닐 수도 있다.

Argyle(2001)는 행복한 사람들은 행복하지 않은 사람들보다 밀접한 친구 관계를 맺으며 대인관계의 폭이 넓고, 긍정적인 사고와 행동을 하여 낙관적이라 하였다. 행복을 느끼는 사람들은 행복을 느끼지 못하는 사람보다 더 건강하고 세상을 더 편안하게 느끼고 삶을 활동적으로 살아가며 결정도 쉽고 올바르게 한다 (Diener & Seligman, 2002).

행복에 대한 정의는 학자마다 다르지만, 행복을 말할 때 일반적으로 많이 쓰는 말이 주관적 안녕감(subjective well- being)이다. 안녕이란 평안하다는 의미로 즐거움이나 기쁨보다는 특별한 사건이 없는 편안한 상태를 말한다. 여기에는 가족, 친구, 건강, 일, 취미 활동 등에서 자기 삶의 만족도가 중요하다.

행복은 주관적이며 자기 자신만이 그 가치를 알 수 있는 것으로 분명한 사실은 내가 행복해야 한다는 것이다. 행복을 뽑기 위해 용기와 훈련이 필요하다. 우리는 삶을 살아가는 동안 수많은 좌절과 어렵고 힘든 상황을 만나게 된다. 이 상황에서 어렵다는 이유로 쉽게 포기하지 않고 앞으로 나아갈 용기가 있어야 하며 앞으로 펼쳐질 일들을 예측할 수가 없어도 행복한 삶을 위해 긍정적으로 상황을 바라보고 선택하는 훈련이 필요하다.

〈행복이 주렁주렁〉

〈떨어진 꽃잎의 재탄생〉

이 표현은 50대 중년 여성의 작품이다. 현재 갱년기 증상과 더불어 몸에서 보내는 적신호로 인해 짜증과 속상함이 순간순간 폭탄처럼 터져 삶의 기쁨과 만족감이 저하되었다고 한다. 그렇지만 지금까지 살아오며 힘이 되어준 아이들, 부모, 친구, 일, 여행과 자신에게 기쁨과 만족감을 준 열매들을 떠올리며 말 폭탄을 터트리지 않을 수 있다고 한다.

떨어진 꽃잎이 이제는 서서히 쓸모가 없어지고 있는 자신과 같다는 생각이 들어 시들어버린 꽃잎을 모아 놓고 바라보다 마치 꽃잎들이 자신이 경험한 삶의 모습은 아닐까 하는 생각이 들었다고 한다. 그래서 꽃잎을 모아 손을 움직이니 화려한 꽃다발이 표현되었고 그 순간 창조의 기쁨을 누리게 되었다. 이후 그녀는 자신의 모습을 긍정적으로 바라볼 수 있게 되었다고 한다. 그리고 현재 상황과 모습을 수용하며 화려하게 재탄생된 꽃잎의 모습에서 삶의 기쁨을 찾을 수 있었다고 한다.

내 몸에도 이상 징후가 찾아온 지 어느새 6년 정도 된 것 같다. 미열과 약간의 두통, 멍한 상태가 지속되어 여러 가지 방향으로 생각해보았다. 현재 연령대가 갱년기가 시작될 수 있는 시기라는 것과 유전적으로 두통이 있다는 것을 알고 있어 처음에는 가볍게 생각했던 것 같다. 그러던 어느 날, 신경과를 찾아 MRI를 찍어본 결과 머리에 시한폭탄이라 할 수 있는 뇌동맥류가 있는 것을 알게 되었다. 지금 당장 수술이 필요한 것은 아니고 관리를 잘하면 된다는 의사의 말에 한시름 놓고 다시 일상적인 생활을 할 수 있었다.

최근 평소보다 피곤한 날이 지속되며 일상생활이 짜증스럽다는 생각으로 스트레스가 증폭되었다. 피곤을 많이 느끼면 간이 안 좋을 수 있다는 생각은 했었지만, 혹시나 하는 가벼운 마음으로 복부초음파 검사를 했다. 결과는 자신도 모르게 A형, C형 간염을 알았던 것 같다며 간에 상처가 있어 지속적인 관리가 필요하다는 말이 돌아왔다. 체중 관리와 운동을 하며 관리만 잘해주면 크게 문제가 되지 않을 것이라는 의사 선생님의 진단이 조금이나마 힘이 되었다.

자연을 좋아하는 성향으로 산에 오르는 것과 걷는 것을 좋아한다. 자주 가는 동네 뒷산을 한동안 매일 오르며 몸의 근력과 마음을 단단하게 할 수 있었다. 어느 날 산에 오르는데 무릎 통증으로 주저앉을 만큼 고통스러웠지만, 순간적인 통증만 있었지 일상적인 생활에 불편이 없었다. 그런데 갑자기 통증이 계속되며 부어오르기 시작하고 걸음을 걷는 것도 힘들었다. 무릎 연골이 너무 손상되어 수술이 필요한 상황, 계속해서 찾아오는 건강상의 적신호에 심리적으로 위축되고 힘들었다.

설상가상 여성으로서 자연스럽지만 달갑지 않은 갱년기까지 찾아왔다. 종합병원이 되어가고 있는 나의 육체에 미안한 마음으로 건강관리를 통해 심리적으로 편안하게 해주기 위해 나름 노력하는 생활을 했다고 믿었다. 그런데 며칠 전 정기적으로 진행하는 검사 결과, 간 기능이 너무 나빠졌다는 말에 '어떻게 해야 하지?' 하는 걱정이 생겼다.

뇌동맥류로 인한 두통은 심리적으로 새로운 일에 도전하는 것에 대한 신체적인 자존감을 낮게 만들었다. 꾸준히 운동하며 노력하였음에도 불구하고 별다른 이상이 없을 것이라는 믿음이 무너지며 무기력과 함께 삶의 의미마저 퇴색되고 있었다. 그러나 나는 그 안에서 배움과 성장을 경험하였기에 행복을 선택하고 지금 이 순간 편안하려고 노력한다. 심리학자들의 말에 의하면 행복도 훈련하면 행복한 느낌을 강화할 수 있다 하여 나도 매 순간 행복을 선택하고 훈련하고 있다.

행복은 주관적인 것으로, 자신이 결정할 수 있다. 상황이 아무리 어렵고 힘들어도 어떻게 받아들일 것인가 관점의 차이다. 건강에 대해 흔히들 하는 말 중 "골골 100살"이라는 말이 있다. 갑자기 찾아와 손을 쓸 수 없는 상황이 아닌 천천히 자신을 관리할 수 있다는 긍정적인 신호인 것이다. 현재 나에게 찾아온 여러 가지의 불청객 친구들과 어떻게 하면 불협화음을 내지 않고 잘 지낼 수 있는지 방법을 찾았다. 이 상황을 받아들이고 다시 일어나 자신의 상황을 객관적으로 바라보고, 선택할 수 없는 상황에서도 희망을 잃지 않고 용기를 가져봐야겠다. 나는 오늘도 내일도 행복을 선택하고 행복 뽑기를 한다.

〈희망의 나무〉
무기력하고 힘들어 백지상태가 되어버린 몸과 마음이 흰 접시와 요플레 같지만, 요플레를 가지고 놀며 에너지가 바닥이었던 상태를 푸드로 표현해 보니 긍정의 에너지가 조금은 솟아났다. 그래서 다시 한번 푸드 작품을 만들었다.

〈희망의 나무〉
긍정의 에너지가 솟아 편안함을 느껴 녹색을 선택할 수 있었다. 다시 희망의 나무를 표현해 꽃을 피울 수 있었다.
피어난 꽃들이 무기력했던 자신에게 긍정 에너지를 팍팍 주어 행복을 뽑을 수 있게 하였다.

04

감사 꽃다발

대한민국에 긍정심리학을 전파하며 행복을 만들어 주는 감사일기를 전파하는 우문식 박사는 '감사는 누군가가 준 혜택이나 아름다운 자연 앞에서 평온함을 느끼는 순간과 같은 선물을 받고 마음속으로 고마워하고 즐거워하는 태도'라고 말한다. 인간이 가져야 할 기본적인 태도로 여겨져 왔던 감사는 최근, 인간의 행복을 향상시키는 데 필요한 요인으로 관심을 끌고 있다. 긍정심리학의 창시자인 셀리그만 교수는 행복한 마음을 고취시키기 위해 과거에 있었던 일에 대해 감사한 마음을 표현하는 것을 권하고 있다. 나 또한 늘 감사일기와 감사편지 등을 쓰며 주변 사람들에게 아침마다 행복하고 감사한 마음을 전하고 있다.

감사(gratitude)는 상대방으로부터 도움 또는 호의를 받았을 때 나타나는 생각으로 어떤 사건, 사람, 행동, 대상의 의미 및 가치를 인정하는 것이다.(Adler & Fagley, 2005) 감사는 고마움과 비슷하게 사용되지만 좀 더 큰 의미를 가진다. 고마움의 사전적 의미는 '고맙게 여기는 마음이나 느낌'을 말하는데 감사는 '고마움을 느끼는 마음에서 좀 더 확장된 의미'를 가지고 있다. 저녁을 준비하는 구수한 된장찌개의 냄새, 열심히 일할 때 흘린 땀을 식혀주는 바람, 누군가가 나를 위해 물 한잔을 건네줄 때, 상대를 위해 내밀어 주는 손 등에서 우리는 감사함을 느끼게 된다.

감사는 인지적인 과업과 신체적인 변화로 행동을 일으키는 것으로 인지적·행동적인 부분을 고려한 신체적인 변화와 인지적 과정에 의한 행동 경향성까지 포함한다.(Fredrickson, 2001) 우리는 감사를 느끼는 마음에서 끝나기도 하지만, 감사함으로 어떤 행동에 변화를 주거나 또 다른 행동을 하게 되기도 한다.

불교에서는 감사하는 생활 그 자체가 바로 보은이며, 선업이고, 상생의 생활이라 한다. 미국의 기상학자 로렌즈가 말한 나비효과를 생각해본다. 작은 나비의 날갯짓이 태평양을 건너며 엄청난 위력을 가진 허리케인으로 변하는 것처럼 일상생활의 나로부터 시작한 작은 감사를 찾고 표현하는 것이 행복한 태풍을 만들어내는 결과를 생각해본다. 내 안의 감사가 넘치면 가정, 사회, 국가로 감사와 사랑의 물결이 나비효과처럼 나타날 수 있다.

오프라 윈프리는 감사일기 효과와 기적을 체험한 대표적인 인물이다. 그녀는 "감사하는 마음은 부정적 에너지를 긍정적으로 바꾸고 일상을 변화시킬 수 있는 가장 빠르고 쉽지만 강력한 방법."이라고 확신하였다. 2년째 꾸준히 써온 감사일기를 통해 내가 느꼈던 가장 큰 변화는 무릎 수술을 하고 이전 상태로 돌아갈 수 없는 상황을 받아들이면서 더 나빠지지 않는 것에 고마움과 감사를 할 수 있다는 것이다.

중년 여성들의 긍정성 향상을 위한 푸·놀·치 프로그램 활동 중에서 감사편지를 쓰고 지금까지 수고한 자신에게 감사의 꽃다발을 표현하는 시간을 가졌다. 자신에게 편지를 쓴다는 것에 놀랍다는 반응을 보이며 어떤 말을 해야 할지 모르겠다는 난감한 표정을 지었지만, 이내 자신에게 감사함을 표현하는 것에 대해 조금씩 자연스러워졌다.

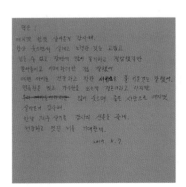

50대 후반의 덕은 님은 명예퇴직한 남편과 취준생 딸과 함께 살고 있다. 그녀는 반복되는 일상에서 삶의 재미를 잃고 우울감과 무력감을 자주 느끼고 있어 새로운 변화가 필요했다. 긍정성 향상 프로그램을 통해 자신에게 감사편지를 쓰고 감사 꽃다발을 선물한 경험으로 일상생활에 작은 변화를 만들었다. 대충 먹던 한 끼 식사도 자신을 위해 예쁘게 꾸민 밥상을 선물하였다. 그 후로 새로운 요리 방법을 찾으며 매 끼니를 소중히 여길 수 있게 되었다. 현재 자신의 상황 속에서 감사를 찾으며 일상생활에서 작은 변화가 찾아왔고 가족과 주변 사람들에게도 행복한 마음을 전염시킬 수 있었다고 한다.

푸·놀·치 프로그램에 참여한 중년 여성들은 자신에게 감사함을 편지로 표현한다는 생각을 하지 못했다며 눈시울을 붉히기도 하였다. 자신에게 감사편지와 꽃다발을 전달하는 경험은 지나온 자신의 삶을 수용하고 인정하는 과정으로 자신에 대한 만족감을 경험할 수 있다. 이 경험은 주변 상황과 자신을 긍정적으로 수용할 수 있어 일상생활에서 감사를 표현하는 데 도움이 된다(강민주, 2020).

필자 또한 무릎 수술을 하고 움직이는 데 한동안 어려움이 있었다. 수술 후 발바닥이 땅에 닿으면 안 되는 상황이라 활동 시 움직임에 많은 제약을 받았다. 일상에서 사람이 걷는다는 것은 당연하다 여겼기에 처음으로 그 감사함이 절실하게 다가왔다. 지금까지 고생한 다리를 생각하며 감사함을 표현해 보았다.

〈자연이 주는 감사〉
소중하게 생각하지 않은 들꽃들이 그동안 잘 걷는 것은 당연하다고 생각한 나의 다리 같았다.
그런데 들에 핀 꽃들은 나에게 활짝 핀 웃음을 선물해 주었다.

〈나에게 주는 감사 꽃〉
소박한 접시는 그동안 고마움을 표현하지 못한 자신인 것 같았다. 그래서 미안한 마음을 활짝 핀 꽃으로 표현하여 선물해 주었다.

또한, 치료를 위해 병원을 오가며 누군가의 도움을 받아야 하는 상황에서 기꺼이 나를 돌봐준 사람에게 사랑과 감사를 전한다. 긴 치료 기간에 돌봄을 받으며 내가 사랑과 관심을 받고 있다는 느낌은 나를 든든하게 지탱해 주는 힘이 되었다. 이 경험은 자신을 스스로 좀 더 긍정적으로 바라볼 수 있게 했다. 더 나아가 다른 사람들을 바라보는 관점도 긍정적으로 변화했으며, 도움을 준 동생과 친구들에게 고마움을 표현하고 싶었다. 우리는 혼자서는 살아갈 수 없는 존재이다. 서로에게 관심과 사랑을 표현하고 나누며 감사함으로 살아간다면 세상은 더 아름다워질 것이다.

〈함께여서 감사해〉

불편함을 도와준 동생과 친구들에게 감사함을 표현하고 싶어 하얀 도화지 위에 두 개의 나무가 지지하며 바라보는 모습을 표현하며 마음이 따뜻해지는 것을 느꼈다. 그 마음을 확장해 좀 더 밝은 하늘색 종이를 선택해 맞잡은 손을 표현해 보니 감사함이 배가 되어 사랑이 피어나는 것 같았고 나비처럼 푸른 하늘을 훨훨 나는 나를 보는 것 같아 감사함을 넘어 행복함까지 스며드는 시간이었다.

1. **불안이 노크한다는 것을 어떻게 알 수 있나요?**

   그 불안을 어떻게 다룰 수 있을까요?

   일. 불안한 마음에 가슴이 두근거리면 심장 부위를 천천히
   마사지하며 어루만져 보세요.

   이. 마음속으로 "괜찮아. 괜찮아. 다 잘 될 거야." 하고 셀프
   토크를 해주세요.

   삼. 심장 부분을 계속 어루만지며 숨은 크게 들숨과 날숨으
   로 2초에 한 번씩 쉬어 주세요.

2. **스트레스를 극복하고 회복력을 깨운 기분 좋은 경험을 다시
   생각해보세요.**

   ----

3. **내 안의 회복탄력성을 좀 더 강화할 수 있는 나만의 비법은**

무엇일까요?

---

4. 일상에서 만족과 기쁨을 느끼는 시간은 언제인가요?

---

5. 행복도 훈련이 필요하답니다. 나의 행복도를 높이고 긍정적

인 정서를 지속하려면 어떤 행동이 필요할까요?

---

6. 일상에서 감사한 마음을 느끼는 경우는 언제인가요?

※ 긍정심리학을 창시한 마틴 셀리그만은 꾸준히 감사일기를 쓰면 긍정 정
서를 적게 타고난 사람이라도 얼마든지 긍정 정서를 높일 수 있다는 것을 연
구를 통해 발견하였지요. 매일 감사일기를 써보세요.

김영애

- 한국푸드표현예술치료협회 이사
- ya10041@hanmail.net

PART_ 4
●●●●

삶의 치유예술
푸드표현과 마음 나눔

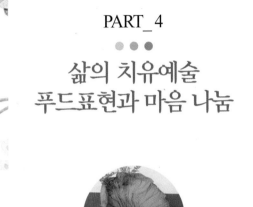

김영애

한국푸드표현예술치료협회 이사

글머리

삶의 치유예술 푸드표현과 마음 나눔

2007년 어느 날 테라피 관련 프로그램을 찾다가 푸드표현예술치료를 알게 되었다.

그 후 지금까지 한국푸드표현예술치료협회와 함께 하며 나 자신의 힐링은 물론 자기 성장의 기회를 꾸준히 지속하고 있다.

푸드표현예술치료를 알고 다양한 접근방법으로 사람들의 마음을 편안하고 기쁘게 도울 수 있어 감사하다. 전에는 몰랐지만 10년을 넘게 함께하니 남녀노소 누구에게나 쉽게 접근할 수 있는 테라피로 탁월한 선택이었다는 생각을 한다.

처음부터 한결같이 한국푸드표현예술치료협회와 함께 나눔을 실천하는 분, 건강하고 아름다운 사회를 위해 조력하는 김민용 회장님에게 감사드린다.

개인의 이익보다 함께하는 회원들의 자기성장을 돕고자 애쓰고 노력하시는 치유산타(김지유)의 노고에 감사하며 특히 이번 글쓰기치료를 통해 또 한 번 도약할 수 있도록 격려해준 치유산타(김지유)님에게 진심으로 감사드린다.

앞으로도 나는 내 자리에서 내가 할 수 있는 만큼의 나눔을 실천하

며 더 많은 사람들이 행복하고 건강한 사람으로 살 수 있도록 나누

는 한 사람으로 함께 할 것이다.

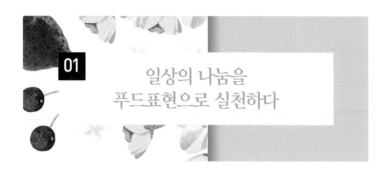

일상의 나눔을
푸드표현으로 실천하다

　　　　나눔의 사전적 의미는 하나를 둘 이상으로 구분하여 가르는 것을 의미한다. 우리 주변에 나눔 기부를 하는 선행자와 기업들이 많이 있다. 얼마 전 폐지를 팔아 모은 돈을 장학회에 기탁해 화제를 모은 할머니에서부터 한 기업체 회장이 모교 과학도서관 리노베이션을 위해 50억 상당의 부동산을 발전기금으로 내놓은 아름다운 기사를 본 적이 있다. 그의 부는 '모음이 아니라, 나눔이 삶의 가치를 결정한다.' 라는 신념을 실천으로 보여준 선행이라 더 돋보였다.

푸드 셀프 테라피를 하며 나는 어떤 나눔을 할 수 있는지 나눔의 의미를 생각해보았다. 물질적인 나눔과 마음 나눔 중 내가 바로 실천할 수 있는 마음 나눔을 실천하기 시작했다. 매일 아침 좋은 글로 응원해 주는 친구의 마음 나눔에 항상 고마운 마음을 가지고, 나도 내가 사랑하고 아끼는 가족과 동료들에게 좋은 글로 나눔을 실천하고 있다. 일상 속에서 마음 나눔은 이해를 따지고 계산하지 않는 순수한 마음으로 상대를 아끼고 사랑하는 마음에서 자연스럽게 시작되어야 한다. 이런 작은 일상의 나눔이 평소의 생활에 익숙해진다면 우리가 함께하는 세상은 지금보다 더 평화롭고 아름다워지지 않을까?

나는 평상시에 음식을 하거나 간식을 준비할 때 눈에 띄는 접시 하나를 골라 푸드 매체로 마음을 표현하며 셀프 테라피를 한다. 지금 이 순간의 나의 마음과 생각 그리고 느낌을 손끝이 가는 대로 표현한다. 그리고 완성된 작품을 바라보며 나도 의식하지 못했던 나의 내면의 모습을 상상해보게 된다. 이런 표현 활동은 나 스스로 위안이 되고 다른 사람들과 나누기를 통해 내 마음을 전달하고 공유하는 소통의 기회로 그 의미가 확장되기도 한다.

나눔에 대해 동료와 나누었던 대화 내용이다.

"나눔의 의미에 대해 어떻게 생각하세요?

"음... 나눔은 그냥 좋은 거 같아요. 욕심부리지 않고 적당히 나누고 베풀 수 있으니까요."

"생각이나 마음을 누군가와 나눠 본 적이 있나요?

"보통 토론이나 회의할 때 하고 있죠."

"나눔은 물질적인 것이 아니더라도 누군가와 함께한다는 의미에서 소중한 것이라고 생각해요. 물질적인 나눔도 그 마음이 담겨있겠지만 특히 서로의 마음을 나눈다는 것은 자신의 감정과 신념, 가치관의 의미 등 더 많은 것을 나눌 수 있기에 소중한 것 같아요. 나는 푸드표현을 통해 의식적으로 알고 있지 못했던 내면의 나를 알아채며 큰 위안이 되기도 했고 성장의 기회도 되었어요."

학기 초 표현과 마음 나눔의 효과를 생각해보며 교직원 오리엔테이션과 교사교육을 계획하고 푸드를 이용한 '사랑의 밥상' 차리기 미션을 진행해 본 적이 있었다. 참여한 대부분의 교사들에게 특별하고 의미 있는 시간이 되었고, 평소 경험하지 못했던 감명을 받았다고 말했다. 마음을 담아 표현하고 나누는 과정을 통해 동료에게 집중할 수 있는 계기도 되었고 '사랑의 밥상'을 동료가 마음을 다해 차려주었다고 생각하니 대접받고 존중받는 마음이었고 감사함이 가득했다고 하였다. 나 역시 진심으로 동료가 나만을 생각해 차려준 밥상에 감동하였다.

＊셀프 테라피 〈거꾸로 피에로의 미소〉

위 작품은 사과와 오렌지를 활용한 일상에서의 푸드 셀프 테라피로 표현된 나의 마음이다. 저녁 식사 후 가족에게 줄 사과와 오렌지를 정성스레 씻고 예쁘게 깎아 준비하면서 사과와 오렌지의 상큼하고 달콤한 과일 향이 주는 싱그러움이 좋아 즐거운 마음으로 접시 위에 '지금'의 마음을 표현해 보았다. 작품을 완성하고 보니 웃고 있는 피에로가 생각났다. 자신은 슬프고 힘들어도 관객 앞에서는 웃을 수밖에 없는 피에로의 운명적 이미지를 떠올리게 되었다.

그리고 나를 보게 되었다. 나는 지금까지 나의 책임감 있는 자리에서 최선을 다해 열심히 살아왔다. 어린 새싹들에게 좋은 영향을 주기 위해 긍정의 소통으로 마음을 나누며 교직원 관리와 부모님들과의 관계 증진을 위해 세심하게 마음을 써야 했다. 그래서 어느 곳보다 즐겁고 행복한 공간을 만들어 왔다고 자부한다. 그러나 그런 과정 속에서 피에로의 보이지 않는 외로움처럼 나 자신에게는 소홀하지 않았는지 생각해보았다. 이제라도 내 마음을 잘 살피고 보듬어야겠다고 생각했다. 물론 늘 곁에서 든든하게 지켜주는 남편과 딸아이의 응원과 사랑의 나눔이 나에게는 언제나 위로가 되고 큰 힘이 된다.

작품에 담긴 오렌지와 사과의 새콤달콤함을 다시 떠올리며 내가 하고 있는 일이 얼마나 소중하고 의미 있는 일인지 새삼 깨닫게 된다. 맑고 순수한 비타민 같은 미소로 뛰어노는 아이들을 보면 행복하고 아이들과 함께하는 빛나는 시간들이 나의 소명으로 여겨진다. 그래서 피에로의 미소가 나에게 있어 보이기 위한 웃음이 아니라 내 마음을 활짝 열게 하는 꾸밈없는 순수한 아이들의 미소로 받아들여진다. 피에로의 미소를 다른 사람들도 같이 보며 공감하는 미소 나눔이 되길 바란다.

코로나19 상황이 길어지면서 많은 사람이 힘들어하고 때로는 마음이 우울하기도 하다. 미소 지을 수 있는 매일의 일상이 줄어들고 높은 하늘을 보며 가을을 감상하기엔 우리 마음의 여유가 많이 부족해졌다. 이럴 때일수록 각자의 자리에서 자신이 할 수 있는 선한 영향력으로 나눔을 조금씩 실천하면 좋겠다는 생각을 해본다.

나눔의 행복을 퍼드린 '워런 버핏'은 가진 것을 나눌 줄 아는 사람이 진짜 부자라고 말했다. 지금 내가 할 수 있는 작은 나눔이 작품에서 보여진 피에로의 미소처럼 진실한 행복의 미소이길 바라고 코로나로 힘든 사람들에게도 작은 위안이 되길 바란다. 일상에서의 푸드 셀프 테라피가 우리 삶에 맛있는 과일처럼 행복의 비타민을 보충하고 건강한 마음을 회복시키는 피에로의 미소가 되기를 바란다.

02

내 안의 긍정 에너지와
즐거운 변화

　　감사하게도 얼마 전, 지인이 자신의 텃밭에서 수
확한 가지와 오이, 적상추를 나누어 주셨다. 나눔으로 얻어진
채소들이었다. 망설이지 않고 손이 가는 대로 접시 위에 표현하
였다.

요즘 나에게는 몇 개의 현실적인 과제가 있다. 한 접시 위에 세
가지가 표현되면서 현재 상황과 조건에 맞는 나의 마음이 표현
되었다.

'여러 가지 감정을 하나의 접시 위에 표현할 수 있지.'

'내 코앞에 닥쳐있는 과제가 여러 개일 수 있지.'

세 가지 점검을 준비하는 과정의 내가 보였다. 그동안 열심히 잘 해왔고, 좋은 평가를 받고 싶은 마음이었다. 우리의 사회는 늘 자신의 능력을 평가받아야 하고 그에 해당하는 결과에 따라 포상과 등급이 정해진다. 그래서 꾸준히 연구하고 교육받으며 실행하여 평가한다.

접시 위에 세 3가지를 표현하면서 에너지를 받고 싶은 마음에 맛이 강렬한 발사믹으로 표현되었고 발사믹의 진한 향만큼 작품 속에서 내 안의 꿈틀대는 기운들을 느끼게 되었다.

세 가지의 주어진 과제는 혼자서는 할 수 없는 것들이고 동료들과의 분담과 소통을 통해 작품처럼 한마음으로 하나의 그릇에 담아내야 하는 것들이다. 모든 일들이 나의 기대만큼 일사불란하게 진행되고 100% 만족스럽게 완성되기 어렵지만, 조율과 타협, 배려와 준비된 노력으로 얻어진 결과물들은 그 나름의 충분한 결실을 맺으리라 생각한다.

작품에서 오이로 열린 소통을 표현하였고 가지와 적상추로는 항목별로 분담하고 있는 과제를 표현하였다. 발사믹은 잘 해내고 싶은 나의 열정적 에너지로 느껴진다. 푸드 셀프 테라피를 통해 내 마음을 점검하게 되었고 긍정적인 에너지 전환으로 좋은 결과를 얻을 수 있는 기회가 되었다.

가끔 즐거운 변화를 상상하며 생각의 전환에 대해 생각해본다. 무엇이든 보이는 각도나 방향에 따라 느낌이 다르고 와 닿는 것이 달라진다는 것을 나는 평소 많이 경험한다. 푸드로 표현된 작품을 여러 방향으로 돌려보면서 눈에 바로 보이는 것들에 대한 느낌을 다시 생각해본다. 그리고 나 자신을 돌아보며 주변 사람들에게 내가 보여주고 싶은 것만 보여주길 바라지는 않았는지 생각해보게 된다. 즐거운 상상일 수도 있지만 부끄러운 내가 보일 수도 있다.

접시 위에 내가 보여주고 싶은 것들만을 담아 표현하여도 모두가 그 표현에 공감하지 않을 수도 있고 각자의 생각과 느낌대로 다른 관점에서 해석함으로써 내가 기존에 가지고 있는 고정관념의 틀에서 벗어나는 경험을 하기도 한다. 정답이 없는 푸드표현을 통해 각자의 해석으로 위안을 얻기도 하고 깨달음을 얻기도 한다.

〈즐거운 변화〉

바나나 한 다발, 오이고추, 그리고 앵두와 국수 가락으로 자유
롭게 셀프 테라피를 하면서 다양하게 변화되어 가는 작품에 나
는 즐거웠다. 다른 사람들은 이런 변화된 표현을 상상해보았을

까? 이 작품을 보며 어떤 상상을 하게 될지 궁금하다. 정해진 규칙이나 공식 없이 자유롭게 자신의 감정을 있는 그대로 표현하면서 그동안 보지 못했던 깊은 내면의 자신을 보기도 하고 잠재되어 있던 새로운 가능성의 나를 발견해 내기도 하는 것이 푸드표현 예술치료의 강점이라는 것을 실감했다. 결과물이 얼마나 훌륭한지를 평가하는 것이 중요한 게 아니라 그 과정을 통해 스스로 느끼는 마음의 안정과 힐링의 경험이 소중하다는 것을 깊이 경험했다. 그리고 해석은 각자의 몫이다. 보고 싶은 대로 볼 수도 있고, 느껴지는 대로 자기 것으로 만들어 갈 수 있다.

푸드표현 셀프 테라피를 하면서 접시가 크거나 작아도 그것에 맞춰 적당히 담아낼 때 비로소 거기 담긴 것들의 가치가 더 높아질 수 있겠다고 생각한다. 과하지 않게 표현하는 법도 연습이 필요하다. 나는 푸드표현을 할 때 스스로 말한다. 욕심을 내어 담아내지 않을 것, 비움의 미학을 고민할 것, 공간을 적당히 활용할 것, 양 조절을 보기 좋게 할 것 등, 내가 접시에 마음을 담아내기 전에 나 자신에게 이야기함으로써 자신을 알아차리게 된다.

작품을 변형해보며 생각도 달라지고 마음도 변화된다. 왜 이렇게 표현되었을까? 어떤 의미가 있을까? 여러 가지 생각을 하지만 결국은 긍정 에너지를 받고 싶은 나 자신을 발견하게 된다. 말이나 글로 표현하지 못한 것들을 푸드를 통해 내가 무엇을 원하고 느끼는지 고스란히 보게 된다.

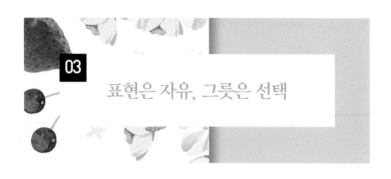

표현은 자유, 그릇은 선택

우리 속담에 '보기 좋은 떡이 맛도 좋다' 라는 말이 있다. 요리의 고수들은 정성스러운 음식을 준비할 때 좋은 그릇이나 접시의 선택도 중요하다고 한다.

전설의 셰프 자크 페팽의 '요리의 모든 기술' 이라는 책 내용을 보면 도구 관리부터 재료 손질에 이르기까지 만들어 먹는 것에 관한 모든 이야기가 있다. 그는 '여러분들은 누구나 주방에서 창의적일 수 있고 상상력을 발휘할 수도 있지만 기초적인 것들을 알지 못한다면 그러한 자질은 활용할 수가 없습니다.' 라고 말하며 기초의 중요성을 강조한다.

푸드표현에서의 기초는 재료도 중요하고 마음을 담아낼 그릇이나 접시도 중요하다. 내 마음을 표현하는 작품이 더 멋지게 보이기 위해 적합한 접시를 더 신중하게 선택하게 된다. 멋진 요리사의 음식 차림에서는 그릇도 중요하여 눈으로 한 번, 입으로 두 번 먹는다고 한다. 같은 음식이라도 담긴 그릇에 따라 가치가 달라질 수 있는 것이다.

마음을 담는 그릇은 더욱더 그렇다. 푸드표현을 위해 자신에게 먼저 집중해 보고, 떠올려지는 것과 어우러지게 그릇이나 접시에도 의미를 두고 선택하게 된다.

〈꽃들의 합창〉

〈그럼에도〉 불구하고

〈트로피〉

기분 좋은 상상을 하며 즐거운 마음에 노란 접시를 선택했고 '꽃들의 합창' 이라는 작품을 표현했다. 이어서 여러 가지 어려운 상황 속에서도 성장하고 싶은 마음을 태양으로 표현하고, '그럼에도 불구하고' 싹을 피우리라는 의지를 따뜻하게 느껴지는 접시 위에 표현했다. 세 번째로는 노력한 만큼의 포상을 받고 싶은 내 마음의 '트로피'를 보색대비의 접시 위에 표현했다.

일상에서의 푸드표현 셀프 테라피는 나에게 자유로운 선택의 기회와 힐링의 시간이 된다. 직장에서는 업무의 특성상 내가 원하는 것을 마음대로 선택할 수 있는 선택의 자유가 주어지지 않을 때가 많다. 선택할 수 있는 자유는 내게 자유로움의 욕구를 채워주기에 나는 이 시간을 마음껏 즐기고 음미하게 된다.

푸드표현은 때와 장소를 가리지 않고 한 가지의 푸드 매체로도 표현할 수 있고 그릇이나 배경이 따로 없이도 표현이 가능하다. 담아낼 수 있고 표현할 수 있다면, 그리고 서로 잘 소통하게 된다면 어디에서도 가능하다는 장점이 있다.

누군가에게 위로받고, 이해받고 싶을 때 진심을 알아주는 대상이 남녀노소 누구라도 좋으니 내 마음의 표현을 온전히 담아 전해줄 수 있는 대상이 많아지면 세상은 좀 더 따스하고 행복해질 것 같다. 요즘은 모두가 어렵고 힘들다고 말한다. 자기가 가진 마음 그릇도 점점 작아지고, 작아진 만큼 누구의 마음을 받아줄 여유도 없으며 나누기도 어렵다. 사람들과의 마음 나눔이 부족해지고 있어 안타깝다. 나의 나누고 싶은 마음을 담은 푸드표현이 그릇에 잘 담겨 누군가에게는 보호와 위로가 되고 긍정으로 소통되어 이런 진심이 전달되면 좋겠다.

〈보호와 위로〉

〈표현의 소통〉

이 글을 쓰며 씨앗으로 푸드표현 셀프 테라피를 하고 두 번의 변형을 시도하였던 작품을 다시 만났다. 씨앗과 잘 어울리는 접시를 먼저 골랐고 손과 마음이 이끄는 대로 나를 드러냈다. 꽃으로 표현한 시작이 두 번의 변형을 거치며 세 개의 작품으로 소용돌이치는 바탕(그릇)의 무늬와 합쳐 사방으로 에너지가 퍼져나가는 것처럼 보인다. 어쩌면 내 안의 선한 나눔의 전파력이 무의식적으로 표현되며 항상 성장하는 사람이고 싶었던 내가 드러난 듯 보였다.

인간의 욕구발달 이론을 펴낸 매슬로우의 자아실현의 욕구는
나와 남을 넘어 결국 다른 사람들에게 의미 있는 도움이 되는
것은 아닐까. 나는 내 안의 선한 나눔을 펼쳐 그 나눔이 누군가
에게는 힘듦을 채워주는 아름다운 치유가 되도록 하는 함께 하
는 삶을 살아가고 싶다. 이런 푸드표현 셀프 테라피의 아름다움
이 '나'를 시작으로 일파만파 퍼지며 변화되고 성장 발달하여
온 세상에 사랑의 그물망처럼 사랑의 네트워크로 이어지길 소
망한다.

04 접시에 드러난 소망

말랑한 연시로 푸드 표현을 해보면 어떨까? 마음이 내키는 대로 내 손이 움직이는 대로 표현해본 적이 있다. 최상의 맛으로 먹을 수 있었지만 푸드 표현으로 내 마음의 셀프 테라피를 하며 그 가치를 더 높이게 된 작품이다. 젓가락으로 퍼트리고 보니 축제를 상징하는 폭죽으로 보인다. 지금 다시 나의 지난 작품을 살펴보며 그때의 나를 만나며 사색하는 시간을 가졌다.

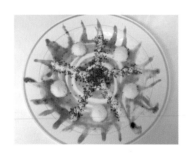

마치 폭죽이 터진 듯 보이는 감의 역동적인 표현이 내가 극복하고 싶은 것을 위한 문제 해결의 에너지로 다가왔다. 하얀 접시 위해 퍼져있는 모습이 재미있는 느낌으로 다가왔다. 어릴 적 장난감이었던 끈끈이가 생각났다. 다시 바라보니 요즘 우리 일상을 위협하는 코로나 바이러스처럼 보였다. 너무도 많은 것을 바꾸어 놓은 코로나 바이러스로 마스크 없이 편안하게 숨 쉬며 생활할 수 있는 2년 전으로의 회복은 어려울 것 같다.

감 얼룩은 옷에 배어들면 쉽게 지워지지 않고 누런 얼룩이 남아 있어 속상할 때가 있다. 지금의 코로나 상황도 감의 얼룩같이 생각된다. 감으로 푸드표현 셀프 테라피를 하고 보니 내 안의 긍정 에너지가 햇살 가득 퍼지는 듯 해님 모습으로 변형되어 다가와 기분이 참 좋았다. 나에게는 희망적인 위로가 되며 기분이 환해지고 행복한 느낌이다.

"요즘 어떻게 지내시나요?",

"모두 너무 힘들죠."

만나면 주고받는 요즘의 인사말이다.

"다시 좋아질 겁니다. 조금만 더 버티고 기운 내세요."

희망적인 대화를 전화로 주고받고 있다. 나는 나를 기분 좋게 한 마음 표현을 주변의 지인들에게 보내며 희망의 메시지를 전했다. 그들의 반응이 새삼 내게 더 힘이 되었다. 모두 다 코로나로 힘들지만, 그럼에도 불구하고 희망을 갖고 나로부터 시작되는 긍정의 에너지를 나누고 싶었다. 그래서일까? 나 자신과 누군가에게는 고마움이 되고픈 작은 소망이 담긴 내 마음이 고스란히 드러난 듯 보여 애착이 가는 작품이다.

얼마 전 영유아를 둔 가정에 한마음 푸드표현 프로젝트로 '가족과 함께하고 싶은 것', '우리 가족에게 필요한 것'을 표현해보는 프로그램을 진행해 보았다. 대부분 여행을 표현했고 안전한 생활을 그리워했다. 이 활동은 한 시간 정도의 공동 작업이었다. 가족이 함께 할 수 있어 의미가 있었고 즐거웠다는 평가였다. 푸드 재료로 생각을 나누고 조율하며 가족의 화합을 경험했다. 평소 나누지 못했던 주제로 이야기 나누기를 하는 색다른 경험이 되었다는 후기도 있었다.

마음과 생각을 표현하고 나누는 일상에서의 생활이 우리에게는 평범하고 자연스러운 일이기도 하지만 편안하게 자신을 표현하는 것이 결코 쉬운 일만은 아니다. 예전에는 글이나 편지로 마음을 전하기도 했다. 지금은 SNS 매체를 통한 빠르고 간편한 소통을 한다. 글이 아닌 자신의 마음을 푸드로 표현한 작품을 사진으로 찍어 상대에게 전한다면 받는 이의 기쁨은 몇 배가 되지 않을까.

이 글을 읽는 지금 주위에 어떤 것이든 푸드 재료가 있다면 현재의 마음을 담은 작은 표현 하나라도 좋으니, 힘들어하는 누군가에게, 또는 생각나는 사람에게 마음을 표현해보길 적극 추천한다. 당신의 소중한 마음이 담긴 표현이 상대에게는 아주 특별한 사랑의 선물이 될 수 있고, 나에게도 그런 깜짝 선물을 받을 수 있는 행운이 온다면, 피곤한 나의 하루가 선물 같은 보상으로 남겨질 것이다.

접시 위에 차려진
긍정 에너지 밥상

　　새 학기를 계획하며 새로 채용된 교사를 소개하
였다. 앞으로 함께 할 동료들과 〈사랑의 밥상〉 미션을 진행했
다. 서로에게 격려와 응원이 담긴 긍정 에너지, 사랑의 밥상 차
려주기였다.

밥상 주인공은 제비뽑기로 하였고 미리 공개하지 않고 하나의
접시에 준비된 여러 가지 음식으로 마음을 담아 밥상 이름과 함
께 테이블에 정성스럽게 차려두고 주인공을 초대하여 식사하는
내용이었다. 새로운 경험과 대접에 감동받고 상대를 응원하고
지지해 주는 사랑의 밥상이 전체를 화합하게 하는 의미 있는 시
간이 되었다. 밥상 주인공이 좋아하는 음식과 먹고 싶어 하는 음
식은 알 수 없었지만 그래도 밥상 주인공을 생각하며 차려진 의
미 있는 사랑의 밥상은 어떤 음식보다 맛있게 먹을 수 있었다.

레이첼 켈리의 '내 마음의 균형을 찾아가는 연습' 중에 피라미드와 긍정 에너지 이야기가 생각난다. 역사 수업 시간에 '피라미드를 만들려면 무엇이 필요할까? 묻자 교실은 침묵에 휩싸였지만 한 아이가 "긍정적인 태도요."라고 대답했다. 긍정적인 생각이 수술 후 회복 속도도 빨라지고 인간 수명에도 영향을 받아 긍정적이지 못한 사람에 비해 10년을 더 산다고 한다.

푸드가 주는 긍정의 에너지는 '따로 또 같이' 하나의 접시 위에도 가득하다. 푸드는 몸과 마음을 평화롭게 한다. 외부환경과도 소통 관계를 회복시켜주고 작은 기적으로 치유할 힘을 갖게 한다. 나는 마음 요리사가 되어 접시 하나에 사랑을 담아 매일 새롭게 표현하고 대접하며 '따로 또 같이' 나눔을 함께 실천하고 싶다.

마음 나눔을 푸드로 표현하는 다양한 프로그램을 진행하며 나눔 실천이라는 주제의 관련 도서를 찾아보게 되었다. 나눔을 실천한 '경주 최부자댁' 이야기를 알게 되었다. 최부자댁 조상은 자기 혼자 잘사는 부자가 아니라 모두 함께 잘살게 도와준 부자였다. 청년들을 교육하여 나라를 바르게 세울 수 있도록 대학을 세우는 큰 공헌을 한 경주 최부자댁의 이야기가 내게도 의미 있게 다가왔다. 대대손손, 손자의 손자의 손자까지 재산을 함부로 쓰지 않는다는 최부자댁의 자손들. 그래서 그들은 지금까지 300년이나 계속 부자로 살 수 있었다고 한다.

세상 사람들 모두가 재산이 많은 부자일 수는 없다. 그러나 누구나 마음먹으면 마음 부자는 될 수 있지 않을까. 푸드표현을

통한 나눔을 실천하는 우리 역시 대대손손 맛있는 '나눔 실천
가'가 될 수 있다. 나는 오늘도 내가 할 수 있는 나눔 실천을 하
고 있다.

내 이름 석 자,
나는 어디에 있을까?

나는 하나의 생명으로 태어나 누군가의 소중한 딸이었고, 한 남자의 아내가 되었고, 소중한 아이의 엄마가 되었다. 그런데 원래의 내 이름을 가진 나는 어디로 갔을까? 학부모를 대상으로 푸드표현 예술치료를 통한 힐링 시간을 가졌다. 아이들에게만 집중했던 부모의 시간을 온전히 자신에게 조명하며 표현해보는 활동을 진행했다. 그동안 나는 자신에게 얼마나 집중해보았는지, 나를 위한 삶이 얼마나 있었는지, 잠시 잊고 있던 자신을 생각해보는 표현으로 자신을 만나게 되었다. 학부모는 기회가 주어진 것에 감사하다는 표현을 했고, 기회를 줄 수 있다는 것에 나는 뿌듯했다.

자신만을 위한 공간을 우리 집에 만들 수 있다면 어떻게 꾸며보고 싶은지, 올해가 다 가기 전에 해보고 싶은 것들을 표현해보았다. 책을 좋아하는 분은 온전히 책으로 가득한 방을 꾸며보고 싶어 했고 나만을 위한 하나의 책상과 의자를 표현하는 분도 있었다. 여행도 있었다. 일상 대부분이 내가 아닌 가족을 위해 생활하고 있었고, 자신만을 위한 공간은 상상조차 하지 못했다. 간접 경험이었지만 푸드표현으로 나만의 작은 공간을 만들고 표현하며 힐링이 될 수 있었음에 행복함을 느꼈다고 참여 후기를 남겼다.

참여 시간 동안 어머니들은 짧았지만 잊고 있었던 나 자신만을 돌아보며 치유의 시간이 되었다고 고마움을 표현하였다. 그리고 '내가 좋아하는 것과 혼자 하고 싶은 것들이 있구나.' 하는

것을 알아차리게 되었다고 말씀하셨다. 다른 이들의 표현을 보고 이야기를 나누며 공감하게 되었고 위로받았다. 아내이고 엄마라는 이름표로만 살아온 시간에 잠깐 멈춤이 되어 앞으로 자신을 위한 작은 실천을 하나씩 해봐야겠다는 말씀도 하셨다.

일상에서 잠시 멈추고 마음의 쉼표를 찍고 자신을 바라보는 것은 쉬운 것 같은데 실천하기 어려운 생각이 든다. 나 또한 바쁜

직장과 집안일 속에서 하루 중 잠깐이라도 온전히 자신에게 집중하는 시간을 가지기는 쉽지 않았다. 그렇지만 일과 중 잠시라도 내가 좋아하는 공간 속에서 나에게 집중하며 잠시 5분이라도 푸드표현 힐링 체험으로 건강하고 아름다운 나를 만나는 시간을 가지려고 노력하며 나에게 쉼을 선물하고 있다.

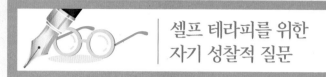

1. 당신이 할 수 있는 나눔의 방법은 어떤 것들이 있을까요?

----

2. 자신이 현재 자신에게 즐거운 변화를 준다면 어떤 변화를 주고 싶은가요?

----

3. 자신만을 위한 시간과 공간을 만들어 본 적이 있나요?

– 내가 가장 편하고 자유로운 시간과 공간은?

– 그곳에서 내가 하고 싶은 일은?

----

4. 기대하지 않은 날, 나를 기쁘게 하는 깜짝 선물을 받은 적이 있나요? 그 기분을 되살려 주위에 깜짝 나눔을 선물해 보세요. 식사하시며 푸드표현 해보시고 마음을 한번 전송해 보시면 어떨까요? 그 선물을 받는 상대방의 기쁜 모습을 떠올려 보세요.

----

5. 당신은 누구로부터 긍정 에너지 밥상을 선물 받고 싶은가요? 우선 넘치도록 기쁜 긍정 에너지 밥상을 내가 나에게 매일 선물해보면 어떨까요? 그 기분 좋은 느낌을 사진으로 찍어 누군가에게 전송해 보세요.

----

6. 오늘 자신을 위해 선물을 한다면 어떤 선물을 하고 싶은가요?

이경숙

- 교육학박사 수료(교육심리학)
- 그린나래심리상담센터장
- 한국푸드표현예술치료협회 이사 / 경남지부장
- 고용노동부 통영지청 심리안정지원프로그램 전문상담사
- 푸드표현상담 1급 마스터강사 / 미술심리상담사
- lks6841@daum.net

PART_5
● ● ●

존재만으로도
소중한 그대,
그땐 왜 몰랐을까?

이경숙
교육학박사 수료(교육심리학)

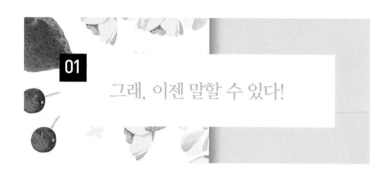

그래, 이젠 말할 수 있다!

'김밥' 하면 생각나는 것은 어린 시절 행복했던 소풍에 대한 추억이다. 지금도 나는 김밥을 싸면 소풍을 가고 싶어진다. 푸드표현 수업 시간 김밥 재료로 지나온 나를 표현해 보았다. 표현한 작품을 바라보며 참 고단한 삶을 견뎌왔다고 느

껴졌다. 나의 삶을 생각하면 가슴이 먹먹해진다. "경숙아~ 참 잘 견뎌냈구나, 기특하고 장하다. 너무 대견해." 나는 보아도 못 본 척해야 했고, 들어도 귀를 닫고 입을 다물어야 했다.

이런 나의 지난 모습이 김밥과 함께 떠오르니 가슴이 아리고 아픔이 느껴진다. 말하고 싶어도 말하지 못했고, 말해도 들어 주지 않아 입을 닫고 살았던 삶이었다. 그 답답한 감정을 그대로 느끼며 살아갈 수 없었기에 나는 감정을 느끼지 않으려 노력했다. 그렇게 살다 보니 어느 순간 감정적으로 마치 죽은 사람처럼 살고 있었고 화를 내도 왜 화가 나는지, 힘들어도 왜 힘든지 모르고 살아온 것 같다. 이것은 본능적으로 나를 보호하기 위한 무의식이 선택한 행동이라 한다.

나는 남아 선호 사상과 가부장적인 사상이 가득한 가정에서 성장하였다. 오빠가 원하는 것이나 하고 싶은 것을 말하면 다 해 주지만, 내가 원하는 것이 있어 이야기하면 안 된다고 하였다. 이런 반복된 거절은 내 인생이 제대로 시작도 되기 전에 큰 좌절감을 안겨주었다. 단지 여자라는 이유만으로 인정받지 못했던 원가족의 경험이 현 가족에서도 그대로 이어졌다. 내 잘못이 아니었음에도 남편이 '모든 일의 결과는 네 탓이다.' 라고 하면

거기에 수긍하고 죄인처럼 살았다. 모든 것이 내가 잘못해 나온 잘못된 결과인 것처럼 '내 탓이오.' 라고 자책하며 자신감 없고 위축된 모습으로 살아왔다. 결혼 초에는 정말 혼란스러워 아무 것도 아닌 존재가 된 것 같았다. 말하지 못해 가슴이 답답하고, 벽을 보고 말하는 것 같아 늘 나도 모르게 한숨 쉬는 것이 습관이 되었다.

지금 생각해 보면 편안히 숨을 쉴 수 없어 큰 한숨으로 몰아쉬었던 것 같다. 나를 사랑한다는 우리 가족은 나의 말을 들어주지 않고 '네가 문제다.' 라고만 하니 입을 닫게 된 것이다. 내가 살기 위해 들어도 못 들은 척한 행동이 어느 순간 나 자신을 더 힘들게 했고, 나를 죽여갔다.

이렇게 선택한 행동으로 나는 나의 감정을 알아차리지 못하고, 스스로를 돌볼 수 없는 사람으로 되어 버렸다. 당연히 대인관계가 원만할 리 없었다. 사람들과의 관계는 나를 위축시켰고 자기표현을 해야 하는 시점에도 나는 입을 다물게 되었고 결국엔 혼자 가슴이 답답해 또 큰 숨을 몰아쉬는 사람으로 살아가게 되었다.

이런 가슴앓이를 하던 내가 푸·놀·치('푸드표현 하고 놀면 치유의 기적이!')를 하며 서서히 변화하기 시작했다. 푸드표현 작품이 나도 모르게 내 손끝에서 내 마음을 대변하는 언어 표현이 되어 마법처럼 펼쳐졌다.

푸드표현 집단상담과 전문가 과정 수업에 참석하며 나의 작품을 통해 나는 말을 하고 있었다. 가슴이 뻥 뚫리는 경험과 시간이 지나갈수록 남편에게 그동안 말하지 않고 쌓아 두었던 가슴 속 감정을 하나씩 말하는 나를 발견할 수 있었다. 처음 말할 때는 가슴이 터질 것처럼 심장이 뛰었다. 그렇게 말하기 힘들었던 것이 푸드표현 작품을 통해 조심스럽게 모습을 드러내었고 이제는 말로 내 마음을 표현할 수 있게 되었다.

그래! 이제는 말할 수 있다.

푸드표현 예술치료는 나의 내면에 소리를 깨우는 작품으로 나타났다. 푸드 작품은 얼마든지 작품 변형이 가능하기 때문에 지금 이 순간 치유가 일어나며 자신을 돕는다는 것을 알게 되었다.

나의 김밥 표현이다. 이렇게 표현한 뒤 나는 마음이 답답했다. 그런데 새싹과 계란, 단무지를 덜어내었더니 마음이 편안해졌다. 참 신비롭다. 이 푸드 작품은 마치 입을 지퍼로 채워 놓아 말을 할 수 없는 답답하고 힘들었던 내 모습 같다. 그런데 몇 가지 재료를 덜어내니 중압감으로 가슴에 돌이 박혀 답답하고 숨

〈인내〉(입 다물고 조용히)

쉬기가 힘들던 마음이 한결 가벼워졌다. 이 작품을 표현하며 조금씩 자기 말을 해보려는 용기가 생겨났다. 처음 표현된 작품을 내 마음의 흐름에 따라 변형하며 '나도 말할 수 있다.' 는 용기가 생겨났다. 이 김밥 표현은 '이제 나도 말할 수 있다' 는 용기로 한 발짝 내딛게 해주는 계기가 된 작품이라 애착이 간다.

나의 셀프 테라피 체험과 푸드표현 상담에서 나는 김밥 재료를 종종 상담의 도구로 활용하고 있다. 집단상담과 특강을 진행할 때 긍정적인 자원을 찾고 인지 재구성하는 과정에서 김밥은 아주 좋은 푸드표현 재료다. 어릴 때의 행복한 추억이 담긴 소풍과 나들이를 갈 때 만들어 먹었던 즐거운 기억을 회상할 수 있어 참 좋다.

누군가 나와 어린 시절 경험이 비슷하다면 김밥을 말아보길 권한다. 만약 김밥 재료가 없다면 참깨와 플레이크, 김자반을 넣어 주먹밥을 꼭꼭 다져도 좋다. 나의 기쁜 기억은 더욱 긍정으로 확장되고, 부정적인 기억이 있으면 긍정으로 다시 전환할 수 있는 좋은 만남이 되리라 장담한다.

02 다시 서는 나의 인생길!

나는 태어날 때부터 여자라는 이유로 존중받지 못하였고 가족의 정서에서 부모님이 "네가 내 말을 듣지 않으면 나의 경계선 안으로 들어오지 못한다."라는 메시지를 주는 환경에서 성장하였다. 이런 나는 인정받고자 노력하면서도 인정해

주지 않고 더 노력할 것을 요구하는 부모님께 부응하기 위해 힘들어도 힘들다고 소리 하지 않는 순응적인 아이였다. 자신을 고아라고 생각할 만큼 버려질까 불안해하며 살았고 가족의 삼각구도에 내가 항상 존재하였다. 성인이 되어서도 부모님과 정서적 분화를 하지 못하여 주도적 삶을 살면서도 감정은 의존적이고 외로움과 공허함을 많이 느끼는 성향이었다.

나는 상담사의 길을 걷기 전, 가난으로부터 벗어나기 위해 돈을 벌기 위한 목적으로 의류 업을 크게 하였다. 6평 속옷 가게부터 시작하여 160평 종합 패션 매장까지 경영하며 확신을 가지고 추진한 일은 성공하여 돈도 많이 벌었다. 그러나 불안이 올라오면 자신을 믿지 못하고 타인에게 의존하여 어려운 고비를 간신히 넘기는 일이 반복되었다. 내 삶의 결과를 보면 스스로 가치를 인정하지 못하고 불안해하며 누군가에게 사랑과 인정을 받고 있다는 확인을 해야 안심하는 나를 발견하게 되었다. 이것이 '유기 불안' 이라는 것을 상담학을 배우며 알게 되었다.

유기 불안은 성장 과정에서 부모의 돌봄과 지지를 제대로 받지 못한 양육에서 시작된다. 부모와의 불안정 애착과 미해결된 문제들이 성인이 되어서도 사회생활에 큰 영향을 미치게 된다고

학자들은 말하고 있다.(오남경, 이영순, 2015)

나는 왜 이렇게 살아야 했는지 나를 이해하는 심리학 접근은 대상관계 이론에서 자기 자신의 정서와 행동에 대한 원인을 알게 되었다. 그러나 자기 성장을 위한 변화를 주기에는 대상관계 이론의 접근보다 윌리엄 글라서(William Glasser) 박사의 현실치료적 접근이 더 설득력이 있었다.

부모님과의 분화 수준을 높이고 독립적인 자기 자신으로 성장하기 위해 "이 행동이 도움이 되는가?"라는 질문을 하며 다르게 할 수 있는 플랜(plan)으로 실천하게 되었다. 나에게 비합리적인 신념은, 사회 전반적인 관계에서 착한 사람, 고마운 사람이어야 한다는 것 때문에 자신이 힘들면서도 힘들다고 하지 못하는 점이었다. 부모나 가족의 갈등 속에 내가 들어가 삼각구도로 서 있는 모습을 보았지만, 습관화된 행동 체계를 재조직화된 행동 체계로 전환하는 데 시간이 필요했다.

이런 모습의 나는 푸드표현 예술치료를 배우는 과정에서도 힘들게 드러났다. 표현하지 못하고 살아온 삶이 하루아침에 쉽게 변화되기는 힘들었다. 무엇을 어떻게 해야 되는지 주저함이 올라왔고 내면의 소리 "그래서 어떻게 하라고?"가 반복되는 과정 속에 "그냥 마음이 가는 대로 표현해 보자." 생각하고 시도한 것이 "이게 뭐지?" 하는 알 수 없는 혼란스러움과 질문들이 내 면에서 솟구쳤다.

처음엔 이 마음이 어떤 의미인지 알 수 없어 불편함이 남아 있었지만, 멈추지 않고 지속해보니 표현에 익숙하지 않은 나의 무의식을 의식화하는 과정에서 오는 두려움과 적응해가는 과정이었던 것을 알게 되었다. 힘든 어린 시절을 보냈지만, 상담자로 가는 길을 묵묵히 걸으며 내 안에 숨겨진 자원들을 하나하나 발견하게 되었다.

그리고 드디어 쉰이 넘어 나는 나의 인생을 보람차게 살아가고 있다.

오렌지와 멜론 껍질로 접시에 있는 무늬와 어우러지며 향긋한 꽃 한 송이가 튼튼하게 피어나는 듯이 다가온다. 이 꽃은 향기를 품으며 성장할 수 있을 것으로 다가왔으며 자유롭게 〈나다운 삶〉을 시작하는 알림으로 다가왔다.

아무 생각 없이 익숙하게 손이 가는 대로 이번에는 물을 사용해 보았다. 물 위에 떠 있는 재료들이 마치 엄마 배 속에 있는 태아처럼 느껴졌다. 또한 이 작품으로 나는 최초의 고향은 엄마 배 속 자궁이라는 것을 알게 되었다.

이 작품을 만들며 여자로 태어났다고 존중받지 못한 일들이 생각났다. 아버지가 "잘난 가순애(여자아이) 낳고 드러누워 있어?"

라고 하며 엄마 뺨을 때렸다고 한다. 내가 친정에 도움을 주면 엄마는 푸념하듯이 서러움을 표현하셨다. 태어났던 그때는 환영받지 못하였지만 나 역시 엄마 뱃속에서는 소중한 한 생명으로 자랐을 것이다.

나의 아들 또한 신장 기능 문제로 병원 치료를 받고 있어 온전하게 건강한 아이로 태어날지 가슴 졸이며 불안한 마음으로 하루하루 치료받으며 출산하였다. 이러다 보니 나는 온전한 출산의 기쁨을 누리지 못하였다. 건강한 아이로 태어나 주기를 기도하는 마음으로 기다렸고 준비되지 않은 엄마이지만 누구보다도 소중한 나의 아이였다.

아프고 슬픈 기억을 푸·놀·치로 새롭게 감사하고 온전히 기쁨으로 받아들이지 못함을 그때 그 순간을 지금, 여기에서 재현하여 인지 재구성하며 나 자신을 돌아보고 치유와 성찰하는 시간을 가져보았다.

완성된 작품 속에서 엄마의 자궁(원초적 고향)을 보는 순간 가슴이 벅차면서도 뭉클하고 눈시울이 젖었다. 그때 느끼지 못한 감정을 '지금, 이 순간' 느끼므로 너무 행복하였고 엄마로 새로 태어나는 것 같았다. 남자가 아니라 여자아이라는 것으로 성차별을 받아 정체성의 혼란으로 힘들었던 기억에서 벗어날 수 있었다. 푸·놀·치하는 과정에서 자기에 대한 돌봄의 시간을 가지며 존재 자체만으로 귀하고 소중한 존재로 매 순간 나는 다시 탄생할 수 있었다.

이런 나에게 새로운 탄생을 알리는 의미로 자몽 알갱이와 멜론 껍질과 씨앗을 활용하여 접시의 무늬를 살려 표현한 것이 한 폭의 수채화처럼 멋진 작품으로 탄생하였다. 내 안에 있는 순수하고 아름다운 여성성과 있는 그대로 존중받고 소중한 존재임을 느낄 수 있는 작품이었다.

사람은 누구나 고향이 있다. 일반적으로 우리는 태어난 지역을 고향이라 한다. 그러나 나는 진정한 고향은 엄마의 자궁 속이 진짜 고향이라고 생각한다. 엄마의 자궁(원초적 고향)을 푸·

놀·치 한 경험으로 푸드표현 예술치료가 관계 과몰입에 미치는 효과(이경숙, 2017)를 연구할 수 있었고 프로그램 과정에서 효과가 높은 것을 알 수 있었다. 또한 정체성의 문제로 자기 존중이 안 되는 내담자들을 만나면 응용하여 지금도 종종 활용하기도 한다.

누구나 사람은 자기로 특성화되어 있고 자기 경험을 통해 창출한다. 나는 상담 과정에서 상담을 잘하는 사람이기보다 내가 먼저 경험하고, 먼저 자기를 성장시키고 있다. 그리고 내담자보다 한 발짝 앞에 가고 있는 사람으로 나의 미해결 문제들을 해결했던 경험이 상담에도 적용되곤 한다. 내가 상담사의 길로 가지 않았다면 행복하다는 생각도 못 하였을 것이다.

때론 소설 한 권 분량이 되는 나의 인생이 삶의 전반에 불행의 아이콘으로 기억되었으리라 생각한다고 방황하는 청소년들에게 얘기하곤 한다. 그러면 서로 공감대가 형성되어 상담이 성공적으로 이루어지기도 한다.

자기의 불행한 삶도 어떻게 활용하느냐에 따라 불행으로 남을 수도 있고, 자원이 되기도 한다. 우리 삶은 어떻게 변화되어 갈지 아무도 모른다. 내가 상담사가 될 거라고 누가 생각이나 해 보았을까! 나를 알고 싶어 시작한 공부가 나의 인생을 바꾸어 놓았고 어떻게 살아가야 할지 방향을 제시해 주었다. 이제 나는 누군가의 삶에 선한 영향력을 끼치는 사람으로 함께 하며 기분 좋은 날들을 맞이하고 있다.

행복 레시피

　　쇠비름은 밭에서 흔히 보는 풀이라 버리지만 5가

지 색상을 갖춘 좋은 식물이다. 오행초(五行草), 마치채(馬齒菜),

산산채(酸酸菜), 장명채(長命菜), 돼지풀, 도둑풀, 말비름이라고도

하며 밭 근처에서 자라는 잡초이다.(두산백과) 남편과 친정엄마와 같이 밭에 가서 김을 매고 쌈 채소와 다시 심을 채소 씨앗을 뿌렸다.

남편은 밭에서 직접 채소를 농사짓는 것을 좋아한다. 나는 바쁜 일정들로 농사짓기를 선호하지 않지만, 남편이 이때는 꼭 친한 척하며 나를 옆구리에 붙이고 다니려 한다. 평상시 좀 친하게 지내지. 어휴...

잡초를 뽑고 김을 매고 버려지는 쇠비름을 가져와 반찬을 만들어 보라고 한다. 왜 이런 풀을 먹냐고 하자 남편이 5가지 색상이 있는 것을 설명하였다. 사람은 5가지 색상의 채소를 먹어야 건강하고 쇠비름이라고 하는 이 식물은 오메가3, 항균, 항염 작용, 당뇨 개선, 이뇨 및 정장 작용으로 동의보감에도 기록될 정도로 영양소도 많다고 설명하였다.

쇠비름을 먹는 줄 모르고 다 버렸지만, 남편은 당뇨로 건강에 관심이 커지며 동의보감을 공부하였다. 남편은 내가 모르는 잡초의 효능을 알려주고 먹어보라 권해준다.(엄용태, 약초 약재 300 동의보감, 누구나 쉽게 할 수 있는, 2017)

이 재료를 가지고 샐러드를 만들며 내 안의 또 다른 나를 부르
는 소리에 귀를 기울였다. 그리고 이제는 익숙한 손놀림으로 푸
드표현을 할 수 있다. 표현된 작품을 바라보며 마치 미분화되어
엉킨 감정들을 하나로 통합(integrity)하여 자기 존재에 대한 인
정과 당연한 것이 아니라 잘하고 있다. 또한 잘해 왔고, 잘할 것
이라는 자기(self) 스스로 믿음을 찾으며 자아 존중감을 높여주
는 느낌을 받았다.

"왜 이 재료가 눈에 들어왔고, 왜 미분화된 감정들과 연결이 되
었을까?"생각해 보니 아무리 필요 없다고 버리는 풀도 그 가치

를 알게 되면 귀한 존재가 되듯이 자기(self) 안에 있는 자기(self)는 필요하지 않은 것이 없다는 것으로 연결이 되었다.

인정받아 본 경험이 없는 어린아이는 자기(self) 자신을 귀하게 여겨주지 않고, 할 수 있는 것은 당연하게 여기고, 더 하지 못한 것에 실망하고 자책하였다. 표현하고 보니 나의 내면에는 에너지가 참 많고 한 그루의 나무로 성장할 수 있으며, 태양이 지켜주어 따뜻하다는 느낌을 받았다. 무엇보다 내가 포기하지 않고 넘어져도 다시 시작하고, 끝까지 버티는 승부 근성이 지금의 나로 성장시켜 준 것이라는 생각이 들었다. 뿌리에 이 에너지가 있었기에 진정한 자기(self)를 찾을 수 있었던 것으로 보인다.

이렇게 사소한 풀인 쇠비름을 활용한 경험을 통해 과일 껍질을 비롯해 밭에서 나는 채소, 들에 핀 꽃 등 다양한 매체들을 활용할 수 있게 되었다. 일상에서 버릴 수도 있는 소소한 재료도 어떻게 활용하느냐에 따라 멋진 작품이 되어 그 속에 내 삶의 이야기가 스며든다는 것을 알 수가 있었다. 즉, 내가 의미 부여할 수 있는 것이면 무엇이든지 활용할 수 있고 내 손에서 아름다움으로 재탄생이 가능하다는 것도 알게 되었다. 문득 그리스 로마신화의 미다스의 손이 생각난다. 시간이 지나며 불가능을 가능으로 변

화시키고 아픈 사람들과 함께 있는 것만으로도 넉넉한 치유의
시간이 되는 그런 사람으로 함께 하고픈 소망도 드러났다.

이 작품을 통해 아픔을 딛고 성장하여 인고의 꽃을 피워 통합으
로 가는 꽃을 피운 내가 무척 자랑스럽다. 자랑스러운 나를 오렌
지 껍질을 활용하여 표현하였다. 상큼한 오렌지의 향과 함께 내
강의를 듣고 모두가 기뻐하는 모습이 연상된다. 이것은 "나"이기
도 하고 타인이기도 하다. 나와 함께 하는 사람들이 각자의 삶의
주인공으로 더 멋지고 근사한 사람들로 살아가길 바라본다. 그
리고 앞으로 내가 어떤 일을 할 수 있을지 기대되고 설렌다.

내 안의 사랑나무 가꾸기

04

만월이의 셀프 테라피 내 안의 울고 있는 어린아

이를 다독이는 행복 처방전. 시원한 수박으로 힐링하다.

나는 가끔 엄마로, 아내로 그리고 상담자로 살아가며 마음이 홀랑 다 타버려 희뿌연 재가 된 듯 느껴질 때가 있다. 열심히 삶을 살아내다 어느 날 문득 이런 무기력감이 드는 것을 심리학에서는 소진(burn-out)이라고 한다. 소진은 1974년 미국의 심리학자 프로이덴버거(Herbert Freudenberger)에 의해 처음으로 사용되었다. 매일 열정을 쏟으며 일에 몰두하던 사람이 어느 날부터 갑자기 신체적, 정신적 피로를 호소하며 심한 무기력감에 빠지며 특히 성취욕과 열정이 넘치는 사람일수록 소진(burn-out)에 걸릴 확률이 높다. 말라크(Maslach)와 잭슨(Jackson)은 소진의 증후를 정서적 고갈, 비인간화, 성취감 저하로 보았다.

엄마로, 상담자로, 아내로 살아가는 나의 삶은 때로는 마음이 홀랑 다 타버려서 희뿌연 재만 남고 내가 없어진 느낌이 든다. 상담사로서 죽을 만큼 힘든 고통을 견디고 살아가는 다양한 사람들의 말을 자주 듣게 된다. 그럴 때 "어머나, 너무도 힘드셨을 텐데 그 어려움 속에서도 여기까지 참 잘 참고 오셨군요. 너무도 장하세요."라고 적극적 경청 속에 공감과 수용의 태도를 보이지만 그 순간, 내 감정은 다 소모되어 내면의 모든 에너지가 다 타버린(burn-out) 듯 느껴지기도 한다.

이때 상담자로서도 엄마로서도 나를 위한 자기 처방전을 갖는 것은 중요하다. 자기만의 시간과 공간 속에서의 자기 돌봄과 정서 관리는 상담자뿐만 아니라 역할에 충실한 삶을 살아가는 우리 모두에게 매우 중요한 일이라 생각한다.

나는 나 자신의 미해결문제와 상담사의 에너지 소진(burn-out)을 회복하기 위해 일상에서 접할 수 있는 푸드 재료를 갖고 노는 시간을 종종 갖는다. 푸·놀·치('푸드표현하고 놀면 치유의 기적이!')로 표현 활동을 하다 보면 어느새 차분하게 이완되는 나를 만난다. 편안한 마음의 흐름과 무의식 속에 표현된 작품을 통해 새롭게 나를 만나며 알아가는 시간이 나 자신을 성장시키는 시간이 된다.

오이로 표현한 이 작품은 나의 소진을 회복시키기 위한 마음의 꽃이다. 작품을 통해 상큼하고 시원한 내면의 꽃을 피운 에너지가, 후각을 통해 고단하고 피곤하여 축 처져 있는 몸에 이온 음료처럼 들어왔다. 그리고 오이를 한입 먹으며 시원하게 적셔오는 수분이 내 몸을 정화시켜주어 오아시스처럼 느껴졌다. 그리고 오이 껍질을 활용하여 내면에 성장하고 있는 나를 나무로 표현하였더니 눈이 시원해지고 에너지가 올라가는 것을 느낄 수 있었다.

이렇게 푸드표현 활동을 통해 장편소설 분량의 인생 스토리를 풀어놓으니 개인상담 비용도 줄이고, 셀프 테라피를 통해 상담

자의 자기 치유와 성장의 기회로 만들 수 있었다. 또한 전문가 단톡방에서 받는 피드백을 통해 상담사로서의 나만의 특화된 상담 스킬이 향상되고 다양한 사람들과 만나 상담하며 적용하게 되는 지혜를 쌓을 수 있게 되었다.

변경 전 〈작품1〉   변경 후 〈작품2〉

지난 7월, 몸과 마음을 시원하게 식혀주는 수박을 먹었다. 수박껍질을 바라보니 왠지 마음이 무언가 해보라 말하는 듯하였다. 그래서 그냥 손이 가는 대로 표현해 보았고 작품을 보며 느낀 감정들을 적어보았다. 그동안 바빠 푸ㆍ놀ㆍ치 마음여행을 못하고 있어 때로는 꿈속에서도 푸ㆍ놀ㆍ치를 하기도 했다. 남편과 수박을 먹은 뒤 남은 수박껍질에 시선이 머물고 자연스럽게 손이 움직였다. 수박의 시원한 그린 향과 불그스름한 속살이 만나 꽃을 피웠다. "난초 사랑의 꽃을 피우다."라고 제목을 붙였다.

이것은 내가 걸어온 길과 앞으로 더 걸어가야 할 길을 다시 살펴보고 다짐하는 시간이 되었다. 내 안의 선한 영향력으로 사랑의 꽃을 피워 나도 행복하고 나를 찾는 분들도 행복해지기를 바라는 마음을 표현했다. 수박의 달콤하고 시원한 수분이 마음이 아픈 사람들에게 오아시스 같은 치유의 에너지로 스며들 수 있기를 바라는 마음이 담겨있다.

이 작품을 아들 부부에게 카톡으로 보내 주었다. 자신들의 이름 약자를 넣어 만들어 달란다. '요 귀여운 녀석들 봐라!' 사랑하는 아들의 요청을 받아 다시 아들 부부의 이름 약자를 새겨 넣어 보내 주었다. 아들 부부는 감동하였으며 진정한 전문가라고 답장을 보내왔다. 아들 부부가 기뻐하니 나도 기분이 좋다.

코로나로 만남이 자유롭지 않은 시대에 살고 있는 지금, 온라인을 통해 누군가에게 자신의 작품을 보내 행복감이 배가 되고 상생의 에너지를 함께 공유하고 이야기할 수 있는 푸ㆍ놀ㆍ치 마음여행은 참 좋다.

더운 여름에 수박과 함께하는 짧은 시간의 행복 레시피다. 이 작품을 통해 앞으로 내가 가야 할 길을 다시 인식하게 되었다. 그냥 생각 없이 시작된 수박 껍질과의 만남이 나의 불타버린 에너지(소진)를 회복하고, 사랑하는 자녀와 행복한 소통의 시간까지 갖게 된 선물 같은 경험으로 다가왔다. 푸드표현예술치료협회 단톡방에 이 작품 사진을 공유하였더니 기쁨은 더욱 커져 행복감이 배가 되어 돌아왔다. 선생님들의 피드백을 옮겨 보았다.

"와! 이경숙 선생님, 난의 곧은 기개가 느껴집니다. 곧은 기개 끝에서 피어난 은은한 꽃은 그 향기가 천 리로 퍼져나갈 듯. ~~"

"우와! 선생님, 볼수록 감동, 받습니다. 박수!! ~~"

"맑은 색감 그라데이션이 수줍어 보이면서도 잎에선 힘이 느껴지네요. 사랑의 꽃을 피운 행복이 송알송알 맺힌 것 같아요. 아~! 눈이 맑아지는 느낌, 감사합니다. ♡"

"와! 멋져! 멋져요! 정신없이 보낸 하루가 위로받는 느낌! 감사합니다! ~~"

"에너지와 꽃 예술 표현 최곱니다."

피드백에서 내가 느낀 감정과는 다르지만, 비슷한 시각을 통해 다름을 탐색하고 내면을 바라보며 '따로 또 함께' 성장하게 되는 계기가 되었다. 일상에서 깨어있는 유능한 상담자가 되는 것이 쉽기도 하지만 어려운 일이다. 긴 시간 훈련받고 지금도 수련감독자로 연수를 받으면서, 상담자도 사람인지라 자신의 미해결문제를 늘 갖게 된다. 항상 깨어있지 않으면 내담자와의 만남에 온전히 집중하지 못하게 되므로 때로는 내담자를 돕는 일에 방해가 될 수도 있고 오류를 범할 수도 있다. 푸·놀·치 마음여행은 상담자로서 내담자에게 부정적인 영향을 줄 수 있는 미해결문제를 그때그때 해결하는 데 아주 좋은 치료제이자 행복 레시피라 할 수 있다. 이 책을 읽는 독자분 앞에 밥상이 있다면, 지금 이 순간 행복 처방전을 자신에게 선물해 주길 권한다. 맛있는 힐링 밥상으로 몸도 마음도 함께 건강해질 것이다.

뇌를 맑게 하는
푸드 브레인 레시피

논문을 준비하며 통계에 대한 필요성을 느끼고 통
계와 관련된 강의를 청강하였다. 일과 학업, 자격증 취득, 논문
준비, 주부로서의 일을 함께하려 하니 머리가 복잡하고 매우 힘

들었다. 게다가 날씨까지 한 몫 거들어 나를 더욱 힘들게 하였다. 오래전 심리학을 전공할 때 공부가 너무 어려워 머리가 아팠던 기억이 있어, 나의 뇌를 쉬게 하고 마음을 치유할 수 있는 푸드 표현 셀프 테라피를 하였다. 대학원 수업을 끝내고 집에 돌아오니 밤 11시가 넘었지만, 나를 위한 푸드 브레인 레시피를 만들기로 하였다. 냉장고를 열어 눈과 마음에 들어오는 매체를 선택해 푸·놀·치 마음여행을 하였다. 푸·놀·치는 '푸드표현 하고 놀면 치유의 기적이!' 라는 의미를 지닌 말이다. 늦은 시간이었으나 푸·놀·치 하며 놀고 나니 푸·놀·치의 의미처럼 치유의 기적이 일어나 복잡한 머리가 가벼워지고 맑아졌다.

그런데 아차! 12시까지 청강 과제를 보내라는 교수님의 말씀이 그제야 떠올라 급하게 컴퓨터 앞에 앉아 2시간을 준비해 과제를 보낼 수 있었다. 나의 이런 경험을 푸드표현예술치료협회 밴드에 올려 공유하였을 때 선생님들의 반응이다.

AI에 맞서는 감성과 창의성을 위한 평생 공부 시대 만학도 이경숙 님 파이팅!

만학도 이경숙 님 찐빵 최고세요!

바쁜 시간 안에서 눈이 핑글핑글 돌고 머리가 쾅 폭발하지만 웃고 있네요.

선생님, 어느 순간에도 푸드표현이 예술입니다.

가득한 머리의 에너지가 발산되어 확대되어 가는 것 같아요.

선생님의 배움이 사람들에게 많은 도움이 될 것을 믿어 의심치 않습니다!! ^0^ 파이팅 하세요.

나는 이런 피드백에 힐링과 에너지를 얻었다. 또다시 며칠 후 머리가 복잡하고 편두통으로 힘들었는데, 이 작품을 다시 보게 되어 내가 잊고 있었던 아주 중요한 일, 3가지를 기억해 낼 수 있었다. 푸·놀·치로 잊고 있던 기억을 떠올리게 되는 신기하고도 소중한 경험을 하게 되었다.

이 작품 사진을 가끔 집단 상담이나 개인 상담 때 활용하기도 하고, 내 머리가 복잡하고 정리가 필요할 때 보기도 한다. 그렇게 하면 머리가 편안해지고 정리가 되어 뇌를 휴식하게 해주는 효과를 얻을 수 있다.

뇌를 맑게 하는 푸드 브레인 레시피 작품에서 더 성장한 작품을 만날 수 있었다. 행사에서 받은 호박 모양의 떡을 보는 순간, 뇌를 휴식하게 하고 나의 에너지를 펼쳐 내가 원하는 삶을 살아가

고 싶은 생각이 들었다. 그래서 시리얼을 추가하여 표현하며 더 성장하고 있는 나를 볼 수도 있었다. 더하여 접시 무늬가 주는 느낌이 푸드표현 작품과 어울려 조화를 이루며 내 마음을 편안하게 해주었다.

수박 재료로 꽃을 표현한 작품이다. 꽃잎이 회오리치듯이 돌아가는 표현에서 내 안의 에너지가 사방으로 뻗어나가는 느낌을 받았다. 에너지가 조금 떨어지거나 기분이 가라앉으면 어느새 나의 손과 두뇌의 협동 작품을 통해 나를 행복하게 하는 표현을

하며 기운이 상승되는 되는 것을 느낀다. 이것은 우리 안의 항상성이 작동되는 것으로 생각된다. 무의식은 언제나 우리 자신을 건강하게 잘 기능하도록 도와준다는 것을 나는 푸드표현활동을 하며 느낄 수 있었다.

뇌를 휴식하게 해 주는 작품의 공통점은 내가 중심을 잡고 바로서니 세상이 달라졌다는 것이다. 나의 에너지가 주위로 퍼져나가며 좋은 영향력을 주고, 함께 성장할 수 있다는 마음이다. 이제 내 인생의 절반을 살았을까? 건강이 허락하는 한 늘 새로운 마음으로 도우며 살아가고 싶다. 그리고 선한 영향력을 나누는 한 사람으로 세상에 이로움을 나누고 함께 하고 싶은 마음이다.

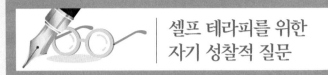

셀프 테라피를 위한
자기 성찰적 질문

[1장]

1. 어린 시절 부모(양육자)가 나에게 해주었던 기억나는 말은?

    --------------------------, --------------------------

    ----

2. 그 말은 나에게 어떤 의미가 되었나요?

    ----

3. 인정받지 못했던 기억이 있다면 그때 나는 어떤 행동을 시

    도했나요?

[2장]

1. 셀프 테라피로 치유된 것은 무엇인가요?

----

2. 잘 견뎌온 나에게 해주고 싶은 위로의 말은 무엇인가요?

[3장]

1. 지금 마음을 푸드로 표현한다면 어떤 채소나 과일이 생각날

까요?

----

2. 이 매체를 통해 나의 어떤 감정과 만나게 되었나요?

----

3. 지금 떠오른 감정이 내 삶에 어떤 영향을 주고 있을까요?

[4장]

1. 당신은 어느 순간 만족스러움과 행복함을 느끼나요?

----

2. 그렇게 생각하는 이유는 무엇인가요?

----

3. 만족하는 순간을 지속하기 위해 일상에서 어떤 선택을 할 수 있나요?

----

4. 만약 일상의 만족하는 순간을 푸드로 표현한다면 어떻게 표현해 볼 수 있을까요?

[5장]

1. 지금 나의 상태를 어떻게 인식하고 있나요?

----

2. 당신은 쉬어야 할 때 제대로 쉬고 있나요?

----

3. 혹시 지금 잊고(기억하지 못하고) 있는 것은 없습니까?

----

4. 지금 나를 위한 선물을 준다면 어떤 선물을 주고 싶은가요?

장기덕

- 교육학 박사(상담심리 전공)
- 김천대학교 대학원 상담심리학과 교수
- 한국푸드표현예술치료협회 부회장
- 한국푸드표현예술치료협회 수퍼바이저
- 한국복지상담학회 수퍼바이저
- 한국문제해결상담학회 수퍼바이저
- brain0921@hanmail.net

PART_6

● ● ●

즐거움도 어려움도
나는 향유한다

장기덕
교육학 박사(상담심리 전공)

시련도 창조적 휴가로
만들어보자

우리에게 있어서 장애물이나 어려움은 어떤 의미를 가질 수 있는가? 코로나 시대는 우리 삶의 많은 부분을 바꾸어 놓았고 현재도 고통을 받고 있는 사람이 많다. 하지만 언제나 음이 있으면 양이 있고 양이 있으면 음이 있다. 현재를 살아가는 현대인들은 마스크를 쓰고 있는 얼굴과 같이 그 어느 때보다 가슴이 답답하고 막혀 있을 것이다. 더군다나 좀 나아지나 했는데 델타바이러스 및 오미크론으로 희망을 더 멀리 보내어 버린 것 같다.

이러한 질병이나 고통은 현재를 살아가는 우리만이 겪은 것은 아니다. 어린 시절 VCR 비디오테이프를 넣고 시작을 하면 홍역, 마마에 대한 이야기가 나왔다. 지금은 책 속의 질병처럼 느껴지는 단어들이다. 하지만 인류의 역사는 전염병의 역사로 점

철될 수 있다. 몇 가지 큰 사건들을 살펴보면, 먼저 흑사병(페스트)으로 1340년경 약 7,500만 명이었던 유럽 인구 중 1/3인 약 2,500만 명 정도의 사람이 사망하였다. 사망자가 이 정도였다면 생사를 넘나들면서 살아나가거나 경증을 앓았던 사람들을 포함하면 절반이 넘는 사람이 페스트에 걸렸으리라는 추측을 할 수 있다. 페스트의 영향으로 유럽의 인구가 감소하자 노동력이 부족해졌고 결국 영주들은 농노들의 지위를 향상시켜주거나, 농노와 거래를 해야만 했었기에 결국 중세 유럽의 기본을 이루던 장원 제도가 무너지고 봉건 제도도 몰락하게 된다.

'한센병'에 대한 공포도 상당했으며 한센병 환자들을 구분하기 위해, 두건을 쓰게 하거나 배지, 혹은 방울을 달아 다른 사람들에게 경고하기도 했다. 예전에는 나병이라 불리는 불치병이었으나, 현재는 치료가 가능하게 되었다. 20세기 최대의 팬데믹으로 불리는 '스페인 독감'은 감염자가 약 5억 명, 사망자는 최소 1,700만에서 최대 5,000만 명에 달하였다. 그 외에도 홍콩 독감, 사스, 에볼라 바이러스, 신종 플루, 메르스 등 코로나 이전에도 끊임없이 질병 및 바이러스가 우리의 삶을 위협하였다.

긴 인류의 역사적인 측면에서 살펴보자면, 단지 내가 이전의 어려움이나 고난을 경험해 보지 않은 것뿐, 질병은 그냥 우리가 살아가는 과정이었다.

그러면 질병과 바이러스만 우리의 삶을 힘들게 하였는가? 아니다. 불과 50년 전에 우리 할아버지, 아버지 세대는 보릿고개를 겪었다. 보릿고개는 지난해 가을에 수확한 양식이 바닥나고, 올해 농사지은 보리는 미처 여물지 않은 5~6월, 식량 사정이 매우 어려운 시기를 의미한다. 이 시기에는 많은 사람들이 풀뿌리나 나무껍질로 끼니를 때우거나 걸식과 빚으로 연명했으며 유랑민이 되어 떠돌아다니기도 했다. 이러한 사실들은 내가 태어나기 전의 일이기에 영화라든지 혹은 '검정 고무신'과 같은 만화를 통해서만 경험하게 됨으로써 크게 가슴에 와닿지는 않는다. 그러나 돌이켜보면 그 기간이 불과 얼마 되지 않은 것에 대해 놀라게 된다. 현재는 보릿고개라는 말은 기억의 저편으로 사라지고 쌀이 남아돌아 먹거리를 고민하지 않는 시대를 살고 있다.

시련이 언제나 시련으로만 남는 것은 아니다. 만유인력 법칙을 발견한 뉴턴을 생각해 볼 필요가 있다. 뉴턴은 케임브리지대 학위를 끝내고 사무 조교처럼 일을 하고 있을 때 그 시대에 유행했던 페스트(흑사병) 때문에 학교가 폐쇄되자 고향 집으로 돌아갔다. 그 당시의 뉴턴은 얼마나 속상하고 절망적이었을까? 뉴턴은 좌절하지 않고 고향에서 만유인력의 법칙, 미적분, 프리즘의 광학 이론까지 그의 3대 업적을 이룰 수 있는 아이디어를 얻게 된다. 후세 사람들은 자연스럽게 페스트로 인한 전화위복의 계기를 '창조적 휴가'라 불렀다.

현재를 살아가는 우리는 어떠한가? 힘든 시기를 겪으면서 낙담하고 있는 것은 아닌가? 혹은 자신이 보고자 하는 것만 보아 사고가 편협해진 것은 아닌? 1999년 하버드 대학교의 심리학자인 대니얼 사이먼스(Daniel Simons)와 크리스토퍼 차브리스(Christopher Chabris)는 '보이지 않는 고릴라 실험'을 하였다. 이 실험에서 3명의 검은색 옷을 입은 사람과 3명의 흰색 옷을 입은 사람이 농구공을 패스하는데 관찰자에게 흰색 옷을 입은 사람이 공을 몇 번 잡는가가 질문이었다. 여기서 중요한 포인트는 공을 잡는 횟수를 헤아리는 것이 아니라 사람이 자신의 주위에서 실제로 어떤 일이 발생하는지를 알지 못한다는 것이다. 이 실험에서는 공을 패스하는 동안 고릴라 분장을 한 사람이 나오고 검은색 옷을 입은 사람 1명이 빠지고 뒷배경의 커튼의 색깔이 변함에도 약 절반 이상의 사람들은 이를 인식조차 하지 못하는 것이다. 우리가 보고 있다고 해서 올바르게 제대로 보고 있다고 할 수 없는 것을 입증한 것이다. 이에 우리는, '내가 보는 것이 정말로 믿을 수 있는 것인가?'라는 의문을 던질 수 있다.

너무 힘듦을 강조하다 보면 정말로 봐야 하는 것을 보지 못할 수도 있다. 전화위복이라는 말도 있듯이 어떤 불행한 일이라도 끊임없는 노력과 강인한 의지로 힘쓰면 불행을 행복으로 바꾸어 놓을 수 있다. 이와 맥을 같이 하여 부처님은 인연을 바꾸면 악연도 인연이 되고 인연도 악연이 될 수 있다고 했다. 그렇다면 우리가 살아가는 현실의 장벽 혹은 재앙의 방향도 바꿀 수 있지 않을까? 이렇게 한다면 우리는 나만의 '창조적 휴가'를 만들 수 있다.

일상의 생활 속에서 늘 바쁘다는 핑계로 하지 않았던 푸드표현을 코로나19 상황으로 자신을 돌아볼 시간을 가지게 되면서 다시 해 보게 되었다. 이에 나는 스스로 힐링하고 느낄 수 있는 푸드표현 작품을 만들고 간략한 나만의 생각을 블로그에 남겼다. 이것이 코로나19 상황이 가져다준 사회적 거리두기의 시간이 만들어낸 나를 위한 '창조적 휴가'가 된 셈이다.

나는 피천득 선생님의 시 '귀천'의 한 구절을 푸드로 표현해 보
았다. '아름다운 이 세상 소풍'을 마치는 것이 아니라 세상의
고난을 이겨내고 아름다움을 발견하여 나만의 세상과 자아를
표현했다. 장자의 호접몽처럼 꿈속의 나비가 되어 자유롭게 이
세상을 훨훨 날 수 있게 된다.

〈이 세상의 소풍〉

자신에게 침잠하며 가능성의 씨앗을 꽃피우고, 시련을 창조적
휴가로 사용하여 만유인력의 법칙을 발견한 뉴턴처럼 우리 또
한 우리 안의 잠재력을 꽃피우는 시간을 가져보면 어떨까?

02 시련이 아닌 디딤의 기회로

삶을 살아가다 보면 어려움이 한꺼번에 다가오는 경우가 있다. 이러한 경우를 어떤 사람은 운명이라고 하고, 어떤 사람은 사주팔자라고 하고, 혹자는 신의 뜻이라고 한다. 나의 경우에 이 글을 쓰고 있는 3개월 동안에 소소한 사건을 제외하고도 뇌리에 남을 만한 사건이 5건 정도 발생하였다. 어찌 보면 웃고 넘길 수 있는 해프닝일 수도 있고 아니면 절친 친구가 말한 것처럼 '삼재'로 일결할 수 있다.

사건의 전말을 살펴보면 첫 번째는 출근길에 발생한 '자동차 사고'이다. 삼거리에서 콤비 버스와 접촉사고가 났는데 콤비 기사가 앞을 제대로 보지 못하고 정차되어 있던 나의 차를 추돌 한 것이다. 사고 직후 블랙박스를 살펴보니 콤비 버스가 달려오는 속도에 비해서 차량 파손이 적고 내가 크게 다치지 않은 것에 대해 감사하였다.

두 번째 사건은 '식중독'이었다. 회를 좋아하는 나는 출장을 갔다가 집으로 돌아오는 길에 수산시장에 들러 광어와 우럭을 샀다. 약간 맛이 이상한 것 같았지만 직접 산 회였기에 의심하지 않고 먹었다. 그런데 3~4시간 뒤부터 나를 포함해서 함께 회를 먹은 사람들이 식중독 증상을 보였고 병원 진료를 받았다. 분명히 신선한 회라 생각하고 먹었지만 식중독에 걸렸던 것이었다. 이로 인해 4일 정도 고생을 했다.

세 번째 사건은 '호흡곤란' 사건이었다. 학교 근처 짜글이 식당이 있는데 매운 음식을 좋아하는 내가 즐겨 찾는 곳이었다. 짜글이가 끓는 동안 앞에 놓여 있던 청양고추를 하나 집어 된장에 찍어 먹었다. 그런데 한 입을 먹고 난 뒤 평소와 달리 내 몸의 반응이 달랐다. 갑자기 위장이 꼬이는 느낌이 들면서 스스로 느껴질 만큼 창백하게 변하였다. 온몸에 땀이 비가 내리듯 흐르고 가만히 앉아 있을 수가 없었다. 정신을 차릴 수 없었지만 일어나서 화장실로 가서 속을 비웠다. 그리고 입을 헹구고 난 뒤에 힘이 하나도 없었다. 이에 좌변기에 잠시 앉았는데 짧은 시간이

나마 정신을 잃은 것 같았다. 매운 고추 한입을 먹고 참으로 별난 일이 다 일어난다고 생각이 드는데 어렴풋이 나를 부르는 소리가 들렸다. 나와 같이 식사를 하던 분이 걱정이 되어 조심스럽게 밖에서 부르는 것이었다. 나는 그 소리에 잃었던 정신을 차리고 자리에서 일어났다. 하지만 여전히 속은 아프고 온몸은 가눌 수 없을 만큼 힘이 없었다. 자리에 앉아서 멍하게 있다가 밥을 한 숟갈 뜨다가 더 이상 먹을 수가 없어 숟가락을 놓았다.

세 번의 경험을 하고 난 뒤에 나의 감정이 조금 불안한 것 같았다. 이에 집에서 아이들이 먹는 뻥튀기와 감자깡 과자를 이용하여 나의 감정을 살며시 살펴보았다. 나에게 발생한 사건들에 대해 내가 화가 나 있는 것은 아닌가? 작품을 표현하면서 자연스럽게 나의 감정을 보고 웃음을 자아낼 수 있었다. 잠깐이었지만 푸드표현은 나를 살펴보고 어려움을 극복할 힘을 주는 시간이 되었다.

하지만 사건은 계속 발생했다. 네 번째 사건은 '입안의 화상'이다. 기억에 담고 싶지 않은 몇 번의 경험을 하면서 나는 자연스럽게 매사에 조심하게 되었다. 매운 음식도 조심해서 먹고 운전

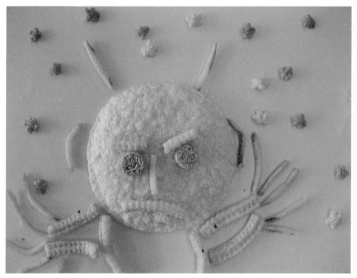

〈나의 화난 모습〉

을 하면서도 주변을 한두 번 더 살펴보게 되었다. 이러한 상황에서 어느 주말 저녁, 고등학교 친구와 조개구이집에서 둘이서 저녁 겸 술 한잔을 하게 되었다. 대화 중 숟가락이 불판에 가열되어 조개탕 국물을 한 모금 했을 때 입 안에 화상을 입게 되었다. 혀와 입술의 감각이 없었고 많이 아팠다. 입을 헹구고 급히 화장실로 가서 얼굴을 거울로 살펴보았다. 거울에 비친 나의 입술은 붉은색의 삼겹살이 구워져 하얗게 변한 그 모습이었다. 아뿔싸! 내 위아래 입술과 혀가 익어 있는 것을 보았다.

마지막은 언론에서도 소개가 된 '머지포인트' 사건이다. 나는

20%가량 할인이 되는 머지포인트를 자주 사용하는 편이었다. 머지포인트 환급 사건이 발생하기 전날에 아내와 나는 머지포인트를 샀다. 그런데 다음날 그 머지포인트 사건이 발생하여 포인트를 사용할 수 없게 되었다.

얼마 되지 않는 기간 동안 임팩트 있는 사건들이 연이어 발생하였다. 부처님 말씀 중에 '첫 번째 화살은 맞을 수 있으나 두 번째 화살은 맞지 말라.' 는 말이 있다. 일련의 사건들은 이미 일어난 것이고 나는 이를 해결하려고 순간순간 노력하였다. 하지만 전체적으로 문제를 인지하고 통찰할 필요가 있었다. 이에 푸드를 활용하여 나의 현재 상황을 표현해 보았다. 표현하고 난 뒤에 다시 한번 수정하였다. 그리고 조용히 바라보며 제목을 '시련이 아닌 디딤의 기회'로 정해 보았다.

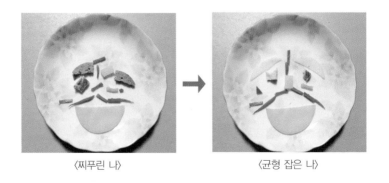

〈찌푸린 나〉　　　　　〈균형 잡은 나〉

흐트러져 있던 나의 마음을 왼쪽 작품으로 표현한 후, 마음의 안정을 찾았던 모습을 오른쪽 작품으로 다시 표현하였다. 간단하지만 푸드 표현을 통해 안정된 의식으로 변화시키는 데 도움을 얻었다. 차 사고가 난 것은 안타깝지만 덕분에 내가 몰아 보지 못한 차량을 렌트해서 운전해 볼 수 있는 기회를 가졌고, 식중독은 회에 대한 거부감을 없애기 위해 마트에 가서 광어를 사서 먹었다. 그리고 짜글이 식당은 다시 한번 더 찾아가서 청양고추는 먹지 않고 짜글이만 먹었다. 조개구이는 해물탕 거리를 사서 해물탕을 끓여 먹으면서 극복하였다. 마지막으로 머지포인트는 내가 할 수 있는 부분이 크게 없어 마음을 편히 먹고 있었는데 전액은 아니지만 꽤 많은 금액이 환불되었다.

5가지의 사건들이 짧은 시간 내에 발생하였는데, 그 후에도 코로나로 인해 두 번의 자가격리 등 다양한 사건들이 연이어 발생하였다. 우리는 행복한 삶을 살고 싶지만 모든 것이 내가 원하는 대로 다 되는 것은 아니다. 어떤 경우에는 내가 원하는 대로 된다고 해서 다 좋은 것은 아닐 수 있다. 인간사 '새옹지마' 라는 말이 있지 않은가! 뜻하지 않은 사건들이 자신에게 트라우마를 남길 수도 있지만, 불행이나 시련을 기회로 여겨 스스로 극복한다면 나의 삶의 여정에서 내가 선택할 기회가 많아지게 된다. 자신의 마음이 답답한 경우에는 주변을 둘러보면서 마음을 표현해 볼 수 있는 자연 재료를 선택하고 자신의 긍정성을 표현하면 자가 치유에 도움이 된다.

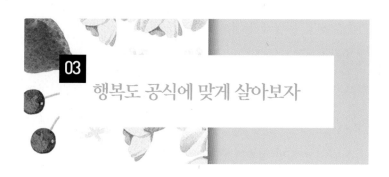

03

행복도 공식에 맞게 살아보자

고대 철학자 아리스토텔레스부터 현재 행복을
연구하는 학자들까지 행복의 정의를 탐색하고 어떠한 요인들이
행복에 영향을 미칠 것인가에 대해 끊임없이 고민하였다. 특히
행복에 관해서 현대의 심리학자들은 아인슈타인의 상대성이론
법칙처럼 행복에 대한 공식을 나타내고 싶어 하였다. 이러한 노
력은 마틴 셀리그만이나 피터슨과 같은 행복을 연구하는 학자
들에 의해서 공식으로 표현되었다.

행복(100%) = 행복 기준점(50%)+삶의 상황(10%) + 의지적 활동(40%)

행복(100%) = 유전(50%) + 환경 여건(10%) + 노력과 선택(40%)

행복에서 행복 기준점이라는 개념은 일시적으로 높거나 낮은
정서 경험을 한 후에 되돌아오게 되는 행복의 평균 수준 또는

기준점이다. 우리가 살면서 일시적으로 강력한 기쁨이나 슬픔을 경험하고 느끼게 될 수 있지만 장기적으로 보면 어떤 수준의 정서 상태로 되돌아오게 된다. 이 현상은 용수철을 잡아당기면 다시 원래의 모습으로 돌아오는 탄력성과 비슷하다. 하지만 모든 사람이 동일한 행복 기준점을 가지고 있는 것이 아니라 어떤 사람은 긍정적인 부분에 가깝고 어떤 사람은 부정적인 쪽으로 기울어져 있을 수 있다. 이러한 행복 기준점은 태어나면서 사람이 가지고 있는 유전적 요소이다. 즉 선천적으로 타고나는 것임을 알 수 있다. 그래서 행복 기준점이 낮은 경우에는 부정적인 방향으로 흘러갈 경향이 많아지고 행복 기준점이 높을 경우에는 긍정적인 방향으로 흘러갈 가능성이 크다.

하지만 인간이 그리 단순하지만은 않다. 왜냐하면, 삶의 상황과 같은 다른 요소들도 행복지수에 영향을 미치기 때문이다. 삶의 상황은 환경 여건으로 볼 수 있는데 성별, 나이, 교육 수준, 사회적 계층, 수입, 가족 및 자녀, 지능 수준, 신체적 매력도 등이다. 삶의 상황은 개인이 노력을 통해 일부 변화시킬 수 있는 부분도 있고 전혀 할 수 없는 부분도 있다. 즉 일부 통제할 수 있는 영역이 있지만, 대부분은 내가 통제할 수 없다.

다시 말해서 행복에서 행복 기준점과 상황은 우리의 선택과 노력의 여부와 관계없이 외부에서 주어지는 것이다. 이에 행복을 100으로 볼 경우 60 정도는 결정되어 있다고 해도 과언이 아니다. 하지만 우리가 어찌할 수 없는 60에 초점을 두고 삶을 고민하고 원망을 한다면 자연스럽게 좌절하게 되고 영원히 행복을 찾을 수 없게 된다. 그러므로 우리는 우리가 할 수 있는 의지적 활동에 중점을 두어야 한다.

2021년 도쿄 올림픽 선수촌에 '신에게는 아직 오천만 명의 국민이 있습니다.' 이라는 현수막이 게시되었다. 이 현수막의 문구는 대한민국 국민이라면 대부분이 알고 있는 이순신 장군이 선조에게 올렸던 장계 중의 일부인 '신에게는 아직 12척의 배가 있습니다.' 라는 글귀를 떠 올리게 한다. 누구라도 그 상황에서 백의종군하여 수군통제사로서 단지 12척의 전함을 보았다면 절망이 엄습해 왔을 것이다. 하지만 이순신 장군은 12척으로 할 수 있는 것을 생각하고 마침내는 왜적의 침입을 격퇴해 7년간의 임진왜란을 끝냈다.

우리는 이 점을 늘 상기할 필요가 있다. 내가 할 수 없는 것에 관심을 가지기보다는 내가 할 수 있는 의지적 활동에 중점을 두어야 한다. 의지적 활동은 개인의 동기와 의지에 의해서 선택된

자발적인 활동들을 의미한다. 우리가 현재보다 나은 행복을 꿈꾼다면 바로 의지적 활동, 다시 말해 노력과 선택을 해야 한다. 행복은 단순히 추상적이고, 나와는 멀리 떨어져 있는 것이 아니다. 그러니 행복하기 위해서는 나의 실천과 노력이 필요하다. 좀 더 단순화시켜 말을 하자면 행복을 공식으로 기억하고 이해를 한다면 스스로 외쳐라. '내가 행복하기 위해서는 내가 바꿀 수 없는 유전이나 상황이 아닌, 당장 할 수 있는 작은 것이라도 실천하겠다.'고....

만약 무엇을 해야 할지 모르겠다면 긍정심리학자인 소냐 류보머스키가 「행복의 정석」(책마루, 2010)에서 제시한 '감사하기, 긍정적으로 생각하기, 과도하게 생각하지 않기, 비교하지 않기, 친절 베풀기, 돈독한 인간관계 맺기, 잘 대처하기, 용서하는 법 배우기, 몰입하기, 인생의 기쁨 음미하기, 목표를 향해 노력하기, 종교 생활하기, 건강 챙기기'의 12가지 전략 중 현재 자신의 상황에 맞는 것을 우선 선택해 자신에게 맞게 적용해 보면 어떨까?

수학만 공식이 있는 것이 아니라 행복도 공식이 있고 공식대로 한번 살겠다고 다짐해보면 삶이 수동형이 아니라 능동형으로 변화될 수 있다. 그러면 지금보다 나은 나를 보며 흐뭇한 행복의 웃음을 지을 수 있다. 행복의 공식을 푸드로 표현하면 나는 꽃으로 표현할 수 있다. 힘차게 성장하는 꽃은 자신에게 행복을 줄 뿐만 아니라 타인에게도 행복을 줄 수 있기 때문이다. 당근, 배추, 고추, 양파, 호박씨 등을 이용한 나의 행복 공식은 다음과 같다.

〈꽃을 통한 행복 공식〉

야채의 타고난 생명력은 행복 기준점이 되고 하늘에서 내리쬐는 햇볕, 비, 눈 등은 삶의 상황이 된다. 주어진 환경에서 꽃은 비바람을 맞고 견디어 내면서, 어린 왕자의 하나밖에 없는 장미처럼 세상의 어디에도 없는 소박하지만 아름다운 꽃이 된다. 따라서 크기가 큰 꽃도 있을 수 있고 작은 꽃도 있을 수 있다. 행복은 누구에게나 아름다우며 그 영향력은 사람마다 다를 수 있다.

나는 내가 생각하는 행복과 이 행복을 실현하기 위한 나의 의지적 실천이 무엇인지를 푸드 재료를 활용하여 자주 표현해 본다. 행복의 파랑새를 찾는 데 도움이 되기 때문이다. 주변에 있는 재료들을 고르고 마음을 다지는 것이 바로 시작이니, 지금 당장 냉장고 문을 열어보라. 나의 '행복의 파랑새를 찾기 위한 거리'가 그곳에 있을 것이다.

감사하는 삶을 살자

아이가 '엄마, 아빠'라고 말하려면 최소한 5,000번 이상의 '엄마, 아빠'라는 말을 들어야 자연스럽게 그 말을 따라 할 수 있게 된다. 삶의 풍요를 위해서 우리는 감사하는 마음을 가져야 한다. 하지만 이러한 감사함도 그냥 주어지는 것이 아니라 나 스스로 찾고 발견해야 한다.

불행함을 느끼는 사람들의 공통적인 말은 자신들에게는 감사할 거리가 없다는 것이다. 사실, 일반적으로 많은 사람들은 감사함이란 특별한 것으로 생각하고 평소에 잘 느끼지 못한다. 그러면 정말로 우리는 감사할 것이 없을까? 나의 주변을 하나하나 주의 깊게 돌아본다면 감사함을 찾을 수 있다.

나는 학교에서 교수학습지원센터장을 할 때, 학생들을 위해 이지선 교수를 섭외해서 특강을 부탁드리려 한 적이 있었다. 아쉽게도 교수의 사정상 특강을 하지 못했지만 내가 학생들에게 이지선 교수를 소개하려고 했던 이유는, 그녀가 어려운 삶 속에서도 역경을 딛고 굳건히 일어나 다른 사람들의 모범이 되고 늘 감사하는 마음으로 살아가기 때문이었다.

이지선 교수는 〈지선아 사랑해〉, 〈사는 게 맛있다〉, 〈오늘도 행복합니다〉, 〈(다시 새롭게) 지선아 사랑해〉와 같은 저서를 쓴 작가이며 상담심리학과 교수이자, 어려움을 겪고 있는 많은 사람들의 멘토이기도 하다. 이지선 교수는 이화여대 유아교육과 4학년에 재학 중이던 2000년 7월 30일, 친오빠와 함께 차를 타고 가다 음주운전 차량이 일으킨 6중 추돌 교통사고로 전신(55%에 3도) 화상을 입었다. 이로 인해 40번이 넘는 대수술을 받으며 몸은 물론이고, 말로 표현하지 못할 만큼 마음고생을 많이 했었다. 거기에 더해 절망하며 자살 시도까지 했었던 사람이다. 하지만 신앙을 가지며 절망을 이겨내고 미국에서 박사 학위를 받은 뒤 지금은 한동대학교 교수로 재직 중이다. 그녀의 삶은 자신에게만 그치지 않고, 화상 입은 환자들을 위로하며 희망을 주고 많은 영향력을 미치고 있다.

내가 만약 그녀의 상황에 처했다면 절망의 나락에 계속해서 있지 않았을까? 그 순간의 심경을 푸드로 표현해 보았다. 세상과의 단절, 좌절로 표현이 된 것이다.

〈절망과 좌절〉

이지선, 그녀는 절망과 좌절을 택하지 않고 매사에 감사하고, 또한 하나님께 감사하였다. 그로 인해 수도 없이 많은 이들에게 선한 영향력을 미치고 어려움을 이겨내는 선구자적 역할을 하게 되었다.

지금 이 글을 쓸 수 있는 이 순간이 나에게는 큰 기적이며 감동이다. 내가 당연히 가지고 있는 것에 감사하게 된다면 내가 바라보는 세상 가득히 행복한 곳이 되고, 삶도 풍요롭게 될 것이다. 감사하자, 의식적이든, 무의식적이든. 그러면 내 삶의 풍향

계가 행복을 향하게 되고 그곳으로 나아갈 수 있다. 천금을 준다고 해도 나의 눈, 코, 입, 팔, 다리, 내장들의 귀중한 가치는 헤아릴 수 없다. 살아가면서 우리에게 정말로 귀중한 것은 사실 돈으로 살 수 없지 않을까?

퇴근 후, 내가 쓴 짧은 글을 우리 아이들에게 읽어주고 함께 감사의 마음을 담은 푸드 표현 활동을 해보았다. 아이들이 옆에서 재잘거리는 모습을 보니 참 행복하고 감사하다. 아이들의 마음이 담긴 푸드 표현이다. 우리 가족을 한겨울의 눈사람 가족같이 사랑이 가득한 장면으로 표현한 것이다.

〈풍요와 사랑〉

아이들의 조잘거리는 소리가 참 기분 좋게 다가오는 시간이다. 맛있는 음식을, 사랑하는 가족들과 함께 할 수 있는 것에 새삼 감사함이 느껴졌다. 감사를 말로 하거나 글로 쓰면 행복지수가 높아지고, 숙면에도 도움이 되며 나아가서는 업무 성과까지 높인다. 감사하는 마음은 뇌의 전두엽을 활성화시켜 행복감을 증진할 뿐만 아니라 그 행복감이 더 오래 지속되게 한다. 그래서 작은 실천이지만, 나는 감사를 푸드로 표현하고 먹는 것을 즐긴다. 삶 속에서 푸드 표현 활동을 생활화하며 나의 삶과 사랑하는 가족의 삶을 건강하게 만들어 가고 있다.

셀프 테라피를 위한 자기 성찰적 질문

1. 현재 내가 겪고 있는 시련이 무엇인가요?

----

2. 시련적 상황을 바꿀 수 없다면 내가 할 수 있는 즐거운 것
은 무엇이 있을까요?

----

3. 잠들기 전에 아주 작은 것이라도 상관이 없으니 감사한 일
이나 사람에 대해 3가지를 적어보세요.

----

4. 잠에서 깨어나면서 '눈을 뜰 수 있는 것에 감사하라.', '지
금 생각을 할 수 있음에 감사하라.'

헬렌 켈러의 "모든 것을 참고 감사하면 불평은 사라진다."를
기억해봅시다.

최진태

• 교육학 박사

• 대아중학교 Wee클래스 상담실장

• 명지대학교 산업대학원 객원교수

• jintae64@gmail.com

PART_ 7

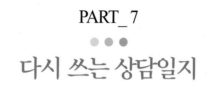

● ● ●

다시 쓰는 상담일지

최진태

교육학 박사(상담심리전공)

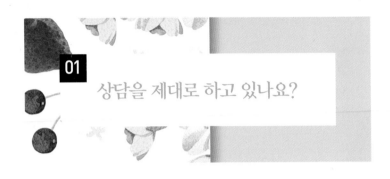

상담을 제대로 하고 있나요?

노랑제비꽃

반칠환

노랑제비꽃 하나가 피기 위해
숲이 통째로 필요하다.
우주가 통째로 필요하다.
지구는 통째로 제비꽃 화분이다.

봄철 산에서 가끔 만나는 노랑제비꽃을 보면 이
시가 떠오른다. 한 생명체를 온전하게 꽃피우는데 자연이 송두
리째 필요하다니 노랑제비꽃 한 송이를 피우는 일은 대단한 일
이다. 사람도 성장과 변화를 위해서는 그 삶이 통째로, 그와 만
나는 상담사의 삶도 통째로 필요하다.

따듯한 햇살을 맞기만 해도 기분 좋아지는 5월의 어느 날, 상담 자원봉사자인 50대 초반의 여성이 학생 집단상담을 처음으로 시작했다. 늘 그러하듯이 시작은 두렵고 떨리고 긴장되기 마련이다. 학생들과의 첫 상담을 마치고 상담실에서 만난 그녀의 표정은 굳어있었고, 목소리는 떨리고 있었다. 어떻게 시작해야 할지 몰라 머리가 하얗게 되었다고 속상해하였다. 심지어 상담이 진행될수록 당황스러움은 점점 강해져 등 뒤로 식은땀이 흐르는 것을 느꼈다고 창피해하였다. 그만큼 몸이 점점 굳어지고 경직되는 자신을 발견하고서는 "아, 내가 이 정도로 형편이 없구나." 하고 자신을 비난하고 비하하는 지경에까지 이르렀다. 상담을 끝내고는 무슨 말을 했었는지가 기억나지 않을 정도로 긴장한 것이 역력해 보였다.

"선생님, 저 상담이 너무 힘들어요."
이론으로 배운 것과 실제는 너무 차이가 크게 느껴져서인지 준비를 했으나 1회기 상담을 진행하면서 느꼈던 긴장과 당황스러움 때문에 자신에 대해 실망한 모습이었다.

정혜선은 자신의 책, 〈당신이 옳다〉에서 '감정은 내 존재의 상태에 대한 자연스러운 신호이고, 좋은 감정이든 부정적인 감정이든 내 감정은 항상 옳다.' 라고 하였다. 그녀가 지금 느끼는 힘듦과 불편함, 긴장감의 의미를 재발견하고, 그녀가 원하는 것이 무엇인지 찾아서 그 방향으로 갈 수 있도록 도와주기 위해 슈퍼비전(초보 상담자가 상담을 제대로 하도록 도우며 훈련하고 지도하는 과정)을 하게 되었다.

"어떤 부분이 많이 불편하고 힘드셨을까요?"
"자신감이 없었는데 그런 내 모습이 들킨 것 같아서 부끄러웠어요."

자신이 어떤 문제를 만나면 당당하게 자신을 표현하고 싶은데 그것이 잘되지 않아 속상했다고 한다. 학생들 앞에서는 괜찮지 않을까 했는데 당당하고 자신감 있게 하지 못해 창피하고 또 이런 자신의 모습과 태도에 불만이 가득했다. 그녀가 느끼는 감정도 너무나 자연스러운 것이었다. 그 불편한 감정을 마주하는 것은 그녀에게 힘든 일이지만 지금 여기에서 느끼는 그녀의 감정은 그녀에게 옳은 것이다.

"학생들에게 피해 주지 않을까 걱정도 되고..." 그녀는 말끝을 맺지 못했다. 정서적 도움이 필요하다는 신호를 보내는 학생들에게 오히려 아픔과 상처를 줄 수 있다는 것이 부담스러웠나 보다. 약간은 주눅 든 표정을 통해, 서툴고 부족한 상태에서 상담하는 것이 학생들에게 피해를 줄까 봐 염려하는 마음이 생생하게 나에게 전해졌다. 사람을 살리는 사람이 치유자이다. 사람의 마음을 걱정하는 사람이라면 그녀는 이미 전문가였다. 그녀의 '지금, 여기'의 마음을 표현하는 것을 돕기 위해 상담실에 있는 푸드 재료인 오이와 적양배추, 파프리카로 그 긴장감과 혼란스러움을 푸드 작품으로 표현하도록 요청하였다.

〈발가벗겨진〉

작품에 대한 느낌은 혼란스럽고, 심장이 터져 나올 듯하며, 혼란의 소용돌이 속에서 있으면서 뭔가 자신의 치부가 드러난 듯한 느낌이었다고 하였다. 그녀는 자신에게 실망하고 정말 많이 속이 상했다. 그녀에겐 위로와 공감이 필요해 보였다.

"엄마로서 경험이 몇십 년 되시죠? 아마 그 경험은 무엇과도 바꿀 수 없는 가장 큰 인생 공부가 되셨을 것으로 압니다. 그러시죠? 학생들에게 그 마음을 전하면 선생님이 만나는 학생들에게 분명 도움이 될 것입니다. 그렇게 기죽지 마세요."

점차 표정이 풀리는 듯 보였다. 표정의 변화는 감정과 생각에 전환이 일어났다는 대단한 신호이다. 이 순간은 내담자와 깊게 연결될 수 있는 순간이다.

"표정이 좀 바뀌신 것 같은데 지금 어떤 변화를 경험하시고 계시죠?"
"선생님의 그 말씀을 들으면서 조금 안도감이 좀 들어요."
"저도 상담할 때나 누군가의 앞에서 강의할 때는 긴장해요. 생애 첫 상담을 하셨는데 얼마나 떨리고 긴장하셨을까! 긴장이고 떨리는 게 당연하죠. 그게 정상이죠."

감정을 다루기 위해서는 먼저 그 감정에 저항하거나 그런 감정을 느끼는 자신을 비난하지 않고 그 감정의 존재를 받아들이는 것이다. 그녀는 감정이 말하는 소리를 알아차리기 시작했다. 호흡하면서 자신의 감정이 어디에서 나오는지, 자신이 어떤 상태이고 어떤 사람이 되길 바라고 있었는지 알려주고 있었다.

"긴장되면 긴장된다고, 떨리면 떨린다고 학생들에게 있는 그대로의 감정을 표현하셔도 됩니다. 그러면 학생들이 더 편안하게 선생님을 받아들일 것입니다. 아마도 학생들이 엄마의 품처럼 따뜻하고 안전한 공간으로 느낄 거예요. 지금 마음은 어떠셔요?"

"아, 솔직하게 하면 되겠구나 싶어서 많이 안심되네요."

그녀는 조금 더 안정감과 편안함을 회복한 모습이었다. 그녀는 이제 자신이 부끄러움으로 움츠러들고 자신을 비하하는 것을 멈추었다. 그리고 자신의 감정에 친절을 베풀기 시작했다. 그녀를 속상하게 하고 부끄럽고 초라하게 만들었던 그 부정적인 감정들에 저항하지 않고, 그 자체도 자신의 감정으로 받아들이면서 보다 편안해진 것이다.

그녀가 진행하는 정서 초점 푸드표현예술치료 집단상담은 주 1회로 10회기로 진행되었다. 그 내용은 존중의 약속, 별칭 표현하기, 감정 탐색, 자원과 강점, 대처 방식과 안전지대 등으로 이어졌다. 학생과 상담하기 전에 그녀는 상담자원봉사자들과 함께 그 10회기의 전 과정을 자신의 문제를 가지고 실습하였다. 이를 통해 푸드표현상담을 위한 푸드 재료 준비와 사용법 및 피드백 주고받기 등이 어떻게 이루어지는 것인지를 직접 경험하였다. 그리고 회기별로 상담 시작과 마무리하는 기법으로 감정 나눔도 실습하였다. 그녀와는 중간중간에 푸드표현예술치료 집단상담 회기를 마치고 상담실에 그 회기에서 학생들의 반응과 진행상의 어려움 등에 대한 피드백을 주고받았다. 학생과의 10회기 상담을 마친 10월 어느 날에 그녀와 개인적으로 다시 만났다. 10회를 이끌어 준 그녀에게 감사를 전하고, 경험에 대한 느낌과 그 경험이 그녀 자신에게 주는 영향이 무엇인지 나누기 위한 만남이었다. 그리고서 그녀에게 10회기를 마친 느낌을 푸드 작품으로 표현할 것을 부탁하였다.

그녀는 푸드 작품을 보면서 뿌듯하고 기특하고 후련하고 아쉽고 고마운 기분이 든다고 했다. 그리고 10회기의 상담을 진행한

〈품어주는 나무〉

자신이 대단하다고 느껴지면서 뿌듯해하였고 자신감도 생겼다고 하였다. 그녀가 상담에 참여한 학생들을 가슴 가득 품었다는 느낌이었다. 상담을 촉진하는 치유사로서 한 발걸음을 자신 있게 내디던 모습이었다. 그녀는 아마 누군가의 인생을 공유하고 공감하는 그 자리에 서면 앞으로도 긴장되고 떨릴 것 같다고 했다. 맞는 말이다. 나도 새로운 내담자를 맞이할 때는 내 마음 한 구석에 긴장의 싹이 올라온다. 그러나 그녀는 이미 5월에 만난 그녀가 아니었다. 이야기하는 내내 미소를 잃지 않고 당당하고 자신감이 넘쳤다.

이제 내가 중심이다

나는 나다.

나는 나에 관한 모든 것을 소유한다.

나 자신과 친밀하게 사귈 수 있다.

나는 나를 사랑할 수 있고

나의 모든 면과 친해질 수 있다.

나는 나의 주인이며 나는 나를 조절할 수 있다.

나는 나이며 나는 괜찮은 존재이다.

– 버지니어 사티어의 자존감 선언 중에서 –

나는 내 삶의 주인이다. 쉽고 당연한 이야기 같은 이 명제가 우리의 삶에 뿌리내리기 시작한 것은 얼마 되지 않았다. 상담 현장에 자주 등장하는 주제 중 하나는 가족의 희생양이 된 여성의 이야기이다. 우리나라는 관계가 중요하다. 여성들은 결혼하면 친정에서 시댁으로 관계망이 변화되고 확장된다. 가족의 관계망에 얽힌 여성들이 자기 삶의 주인으로 살아가는 것이 가능할까? 그리고 시어머니와의 고부갈등에서 받은 상처의 치유가 가능할까?

상담에서 만난 결혼 18년 차인 김혜숙(가명, 이하 혜숙)은 의기소침하고 목소리에 힘도 없고 표정이 굳어있었다. 결혼 생활 내내 시댁에서 숨소리 하나 제대로 낼 수 없는 긴장의 웅덩이 속에 살았다고 하였다. 30년 전에 남편을 여의고 홀로되어 자신의 자식밖에 모르는 시어머니와 같이 살고 싶지는 않았다고 했다. 남편은 아내와 어머니의 갈등 관계에 관여하지 않았다. 남편도 아내 편이 아니었기 때문에 시댁에는 혜숙의 안전지대가 없었다. 혜숙뿐만 아니라 남편, 시어머니 모두가 힘들고 아픔과 상처를 간직한 채 가족의 울타리를 유지하고 있었다.

상담을 시작하며 내담자와 나눈 대화이다.

"이번 상담을 통해 어떤 부분을 변화시키고 싶으셔요?"

"힘들었던 나의 생활을 더 이상 지속하고 싶지 않아요. 결혼한 후부터 내가 없었어요."

"결혼 생활이 많이 힘드셨네요. 결혼생활의 어떤 부분들이 힘드셨어요?"

"시집살이가 엄청 힘들었죠. 결혼 후에 시댁 사람이 저를 너무 힘들게 했어요. 남편과는 그냥 살았어요. 뭔가를 기대할 수가 없었어요."

"시댁과의 문제로 인해 많이 속상하셨겠네요. 그 힘든 일들을 어떤 마음으로 견디셨어요?"

"어떤 면에서는 내가 건방졌었죠. 나같이 수월한 사람에게 좀 잘해주면 내가 얼마든지 더 잘할 것인데, 조금만이라도 내 마음을 알아주길 원했죠. 그럴 수 없는 사람인데 그걸 기대한 것이죠. 내가 고생하면 좋아질 줄 알았죠. 그런데 좋아지지 않더라고요. 이게 저의 자만이었죠. 저는 힘들 줄 알면서도 그 안으로 들어갔어요. 내가 할 수 있다고 여겼죠. 그런데 그렇지 않았어요."

자만은 자신이 고통 속에 있다는 것을 깨닫지 못하게 하고 자신도 돌봄이 필요하다는 것을 잊고, 나를 찾는 그 관계 속으로 기꺼이 들어가게 한다. 혜숙은 자신이 시어머니 마음에 들면 자신을 인정해 주고 관계가 좋아질 것 같아 이 가족을 위해 자신의 희생을 받아들인 것이었다. 이 여성은 그 자만심으로 자신을 챙기지 않았다. 혜숙에게는 누군가의 도움이 필요했다.

"홀로 그 세월을 견디고 살아가는 동안 남편분은 어떻게 하셨나요?"

"남편은 10년간 내가 이런 줄 몰랐어요. 남편은 아무것도 하지 않았고 변하지 않을 사람이죠. 아마 알았어도 변화시킬 수 없었을 거예요. 그래서 그것을 받아들였죠. 그런데 시댁 쪽 사람들과 만나면 상처가 돼요."

부부는 그 누구보다 가까우면서 정서적 갈등 또한 가장 많은 상대이기도 하다. 혜숙은 가장 가까운 부부로 사는 남편의 도움을 받을 수 없어 더욱 고립감을 겪었다. 그러나 남편의 부드럽지 않은 반응에도 자신이 더 사랑하는 마음으로 남편의 모습을 그대로 품고 있었다.

"남편도, 시댁 누구와도 연결되는 것이 없어 많이 외로우셨 겠어요."

"결혼한 지 10년 만에 암이 생겼는데 그때 너무너무 힘들었 어요. 죽을 고비를 몇 년을 넘기며 살지도 죽을지도 모르는 상황을 겪었어요. 친정 쪽에도 가족력이 없었기 때문에 마 음에서 오는 화병이라고 생각되었죠."

혜숙은 자신의 마음에 찾아온 화병은 시댁 문화에서 비롯된 것 으로 여겼다. 사람과의 관계가 너무나 중요한 사람에게 자신을 필요한 곳에서 헌신하고 희생을 했지만 그 대가는 암이라는 참 혹한 병으로 돌아왔다. 참 안타깝고 슬프게도 혜숙은 자신을 챙 기는 것이 무엇인지, 어떻게 할 수 있는 것인지, 또 그것이 왜 필요한지 모두 낯선 것이었다.

"남편의 일로 인해 같이 외국으로 갈 수 있었는데, 남편이 데리고 가지 않아 시어머니와 같이 있었어요. 저는 저를 챙 기지 않았죠. 저에게 나 자신을 챙기는 것이 익숙하지 않았 어요."

혜숙은 자신의 역할에는 충실했으나 그 역할을 제대로 하기 위해서라도 꼭 챙겨야 할 자신의 안위를 무시하였다. 그녀가 희생자가 되면서 가족의 평화와 안정을 유지한 것이다. 결혼 이후의 힘들었던 마음을 작품으로 표현해 보길 요청했다.

〈소용돌이〉

이 작품에 대해 그녀는 "내가 원하지 않는 일들이었고 피하고 싶은 날들이었다. 잘한 것은 없고 나쁘고 못 한 것만 있었다. 마음을 써도 안 되는 것이었다. 나는 상처받았고 무기력하고 자존감이 낮아졌다. 인정받고 싶다. 평화로워지고 싶다."라는 마음을 표현한 것이라고 하였다.

10회기의 만남을 마무리할 때쯤, 혜숙은 미소를 되찾은 듯 보였다.

"선생님, 이제 제가 중심을 잡고, 나를 흔드는 것에 휘말리
지 않아요. 이제는 나를 좀 알 것 같아요."

자신이 누구라는 것을 알게 되는 것은 축하하고 축하할 일이
다. 그리고 그 경험을 일상의 삶에서 뿌리내리는 것은 더 특별
한 경험이다. 그래서 구체적으로 어떤 변화를 경험하고 있는
지 물었다.

"정말 축하합니다! 대단한 일이 일어났네요. 자신의 모습이
어떻게 변했다고 생각하셔요?"
"눈치 없이 저의 이야기를 잘해요. 내가 말을 잘하더라고요.
애 아빠가 집으로 왔을 때, 남편에게 이제는 제가 바뀌었기
때문에 똑같은 상황이 되더라도 예전과는 다를 것이라고 했
어요. 시어머니와 관계는 특히 더 그럴 것이고요. 남편과는
같이 헤쳐 나갈 수 있다고 여겨져요."

혜숙은 남편과의 관계를 자신의 중심으로 가져와 남편과 같이
문제를 해결하면서 살아보겠다는 의지를 확고히 했다. 그리고
고마움과 서러움의 두 갈래 마음에서 방황하고 혼란스러웠던

마음자리에 있는 친정엄마에 대한 마음도 한층 개운해졌다고
하였다.

"저희 집안이 어려워서 제가 원하는 학교에 합격하고도 엄
마의 뜻에 따라 진학을 했어요. 진학한 학교에서 몇 개월을
창밖을 보면서 울면서 지냈어요. 아무에게도 말하지 못하
고 서러웠죠. 그러다가 집에 가면 멀쩡한 듯이 조용히 지냈
어요. 그림자처럼 흔적이 없는 애였으니까요. 친정엄마에
대해 애틋한 마음은 있는데 엄마를 만나면 손을 잡지 못했
어요. 엄마에 대해 고마운 마음만 있는 줄 알았는데 서운한
마음도 있어서 그랬다는 것을 알게 된 후에 엄마를 찾아갔
어요."

그리고 혜숙은 상담의 경험을 진솔하게 표현하였다. 자신의 진
정성을 표현하는 마음의 힘은 가장 자신다운 삶을 살아가는 모
습일 것이다.

"여기에 오는 것이 신기한 경험이었어요. 처음에는 나를 드
러내는 것이 힘들고 창피했어요. 내 이야기를 하다 울고 나

오면 부끄럽고 죄송하기도 했고, 내 이야기만 하고 끝낸 것이 아닌가 싶었죠. 그런데 다음 주에 또 오더라고요. 지금은 낯부끄럽지 않고 홀가분해요. 이런 나 자신이 괜찮게 느껴져요."

자기 몸의 감각을 회복하는 것은 자신의 감정을 직면하는 것이고 자신의 내면의 소리를 듣게 되고 자신에게 필요한 것이 무엇인지 알게 되는 것이다.

"저는 생각과 느낌이 똑같은 줄 알았어요. 그것이 힘들면 몸으로 느껴보라고 하실 때, 처음에는 그것이 잘 안 되고, 그게 어떤 의미인지 잘 모르겠더라고요. 더 집중하면 몸의 어느 부분에서 올 것이라고 말씀하셨는데 어느 순간 집중한다 싶으면 정말 몸으로 왔어요. 그러면서 내가 그동안 살아도 살아있는 것 같지가 않았다는 것을 알게 되었지요. 지금은 살아있다는 것이 느껴져요."

'지금 여기'의 삶의 충만함은 과거도 미래도 아니고 현재 진행형의 삶이다. 혜숙은 자신에게 줄 수 있는 긍정적인 에너지가 자신에게서 생성됨을 발견하였다.

"내가 주인공이 되는 것이 살아 있는 것이고, 나를 먼저 보고, 그 보이는 것들에게 에너지를 써요. 30대 전후에 저는 제가 좋아하고, 이상적으로 생각하는 친구가 있었는데, 내가 무언가를 결정할 때, 그 친구라면 어떻게 했을까 하고 내가 그 친구인 것처럼 살았어요. 이것이 힘들었어요. 지금은 그때와 같이 행동하지만 힘들지는 않아요. 내가 주인공이어서 그런 것 같고, 내가 계속해서 업그레이드가 되는 것 같아 사는 맛이 느껴져요."

"지금의 본인을 어떻게 표현하고 싶은가요?"

"편안하고 조금은 즐길 줄을 아는 것 같아요. 원래 그랬었는데 결혼 이후 18년 동안 그런 것이 없는 것처럼 살았죠. 여기 오기 전까지는 한편으로는 제가 꽤 괜찮다고 여겼죠. 내가 변화시키고 싶은 사람이 있었어요. 남편과 딸이요. 특히 딸은 나와 같은 모습이 되지 않길 바랐어요. 이곳에 온 후로는 제가 먼저 변화되어야 한다는 것을 알게 되었어요. 이런 세상이 있는 줄 아예 몰랐어요."

혜숙은 지금의 자신에 대해 충만함을 경험하고 있었다. 그녀는 변화의 주체가 자신이 된다는 것을 반겨 맞았다. 자신을 인정하고 사랑하며, 공감하고 수용하는 급진적 변화가 일어난 것이다. 깊은 열망과 연결되면서 자기의 존재를 더 친절하게 보듬어 주었다. 그녀에게 변화를 경험하고 있는 자신을 푸드 작품으로 표현하도록 요청했다.

〈뛰는 가슴, 꺼지지 않는 불꽃〉

그녀의 작품이 너무 멋지고 아름다워 나는 감탄사가 절로 나왔다. 이 작품에 대해 설명을 요청하자 혜숙은, '요즘 내 마음은 자주 여행을 다닌다. 돌처럼 단단하고 무겁게 가슴을 누르던 것을 멀리하면서 느끼는 대로 마음이 여행을 다닌다. 그런 마음을 의식하면서 나를 찾는 것이 좋다. 가슴이 뛴다. 매 순간 내 마음을 살핀다는 것은 쉽지 않다. 하지만 그 속에서 자유로움과 편안함을 느낀다.' 라고 말하였다.

10주간의 푸드표현 마음여행을 끝내고, 혜숙은 자신의 서러움과 슬픔, 실망과 상실감의 감정과 더불어 누구도 자신을 거부할 수 없을 것이라는 자만심의 목소리를 자신의 일부로 받아들였다. 이것은 자신의 모든 것의 주체가 자신이며, 그런 자신에 대해 충분히 이해하고, 그로 인해 겸손이 무엇인지 알게 되었다. 그녀가 자신의 모든 부분들을 받아들이는 것은 아름다운 축복이다.

누구를 위한 삶이 아니라 자기다운 삶을 살아가게 하는 내면의 중심인 자기(Self)를 찾은 그녀에게 응원과 격려의 박수를 보낸다. 사티어(Satir)는 자아존중감 선언문에서 자신에 대해 우리 모두가 이 우주에서 유일한 존재라고 말하고 있다. 유일한 존재로서 우리 모두는 자기 자신의 주인이다. 또한 명상록에서 우리는 모두 존재하는 것만으로도 가치가 있는 경이로운 존재라고 했다. 혜숙은 자신의 존재만으로 충만함을 경험하고, 결정권을 가진 주인으로의 자기 삶을 선택하고 자신을 책임지는 삶의 여정을 시작하였다. 그녀의 여정이 아름답길 바라고 또 바란다.

나에게 친절하기로 했다

친절함이 무엇인지 진정으로 알려면

네가 가진 것을 잃어 봐야 한다.

친절함이 내면의 가장 깊은 것임을 알려면

또 다른 가장 깊은 것인 슬픔을 알아야 한다.

슬픔에 감겨 잠에서 깨어나 봐야 한다.

너의 목소리가 모든 슬픔의 실들을 알아차려

그 천의 크기를 알 때까지

슬픔과 이야기해 봐야 한다.

– 나오미 쉬하브 나이의 '친절함' 중에서 –

나는 굶주린 가슴으로 살았다. 먹어도 먹어도 채워지지 않는 그런 가슴으로 살았던 나는 나의 아픔도 남의 상처도 보이지 않았다. 내 마음의 배를 채울 수 있는 것에 매달렸다. 무엇이 필요해서 이러는 것일까? 그 가슴은 날 보호하기 위해서, 상처받지 않기 위해 열심히 살았지만 송곳이 되고 가시가 되어 상대에게 상처를 주었다. 그 순간은 괜찮다고 여겼다. 그러나 나에게 상처 준 사람은 결국 나였다. 참 슬펐다. 그 굶주림은 슬픔을 잊기 위한 것이었다. 나에게 필요한 것은 슬프고 초라한 나를 비난하거나 비하하는 것이 아니라 그런 나를 용서하고 나를 친절로 돌보는 것이었다. 푸드표현 활동은 나에게 필요한 것이 무엇인지 알려주고, 나를 돕고 있는 내 안의 잠재의식이 하는 소리, 즉 나를 소중하게 여기는 소리를 담아내고 있었다.

당신이 알고 있는 존재방식을
내려놓는 선택을 한다면
세상은 당신의 눈앞에
새로운 모습을 드러낼 것이다.

– 다나 폴즈의 '허용' 중에서 –

나에겐 두꺼운 보호망과 안전망이 정말 필요했다. 이것은 푸드표현활동에서 자주 등장하는 작품의 주제이다. 어릴 때 내가 기대했던 곳에서 안전망과 지지를 얻을 수 없다고 판단한 나는 내가 그것을 만들어야겠다고 결정을 내렸다. 그 당시 그 나이에 볼 수 있는 제약된 시각으로 만들어진 왜곡된 해석이었다. 이젠 굳이 그럴 필요가 없는데도 참 오랫동안 그 해석은 내 삶과 같이했다. 그래서 푸드표현작품 안에 만다라와 같은 구조로 드러나거나 작품의 중심에 뭔가가 세워지는 모습이 하나의 패턴처럼 나타났나 싶다.

푸드작품은 빛을 품은 태양이다. 내가 태양임을 잊고 살았던 후회와 안타까움은 고요히 흐르는 눈물로 드러났다. 그릇된 방식으로 애쓰고 애썼다. 무지에서 나온 어둠이었다. 그런 나를 용서하고 내가 나를 받아들이는 것은 가슴 찢어지는 아픔이며, 태양으로 회복하는 것이었다.

이처럼 푸드표현활동 과정은 내 마음 저 깊은 곳 나도 몰랐던 이미지를 심상으로 여지없이 드러내 준다. 내 안에는 불안하고 두렵고 부끄럽고 슬프고 화난 내가 있었다. 또한 사랑하고, 사

〈빛을 품은 태양〉

랑받고, 인정하고, 수용하며, 존중하고픈 인간의 보편적 소망도 있다. 특히, 나는 나 자신을 드러내고 인정받고 싶은 열망이 강하다. 비록 말로 표현하지 않아도 내 존재는 그것을 이미 알고 있고 이해하고 있다. 푸드표현은 내 잠재의식이 알고 열망하는 이런 나의 심리 내면을 수면 위로 드러내게 한다. 그리고 나의 깊은 불안과 슬픔을 치유할 수 있게 자신을 허용한다. 우리 모두는 감각을 통해 알아차리고 느끼는 것은 치유할 수 있다. 푸드표현예술치료와 만나 조형 활동을 하는 시간은 나를 느끼고 알아차리는 시간이었고, 통찰을 지나 성장과 치유의 과정으로 나를 안내하였다.

'내가 건강하기를...'

'내가 평화롭기를...'

'내가 안전하기를...'

'내가 나를 용서하기를...'

'내가 부모님의 큰 울타리로 인해 안전한 가운데 자유롭게 성장했음을 알기를...'

'내가 어머님의 지혜로 지금의 내가 있음을 받아들이기를...'

'내가 따듯한 보살핌 안에 있음을 받아들이기를...'

'내가 확실한 안내를 받고 있음을 알기 시작하기를...'

우리는 자애로운 마음으로 자신에게 친절할 수 있다. 푸드표현은 나를 좀 더 따뜻하게 대면하게 하고 친절하게 만나게 해주었고, 나와 함께 해온 사람을 위해서 같은 마음으로 조화를 담아낼 수 있도록 해주었다.

'당신이 건강하기를...'

'당신이 편안하기를...'

'당신이 안전하기를...

내가 지금까지 경험한 푸드표현예술치료의 과정은 나를 위로해 주는 셀프 테라피의 시간이었다. 푸드표현과정은 가슴과 마음에 간직해 왔으나 말 못 했던 것을 밖으로 드러낼 수 있도록 돕는 시간이었다. 그 마음이 무엇인지를 외재화하여 객관적으로 볼 수 있었고, 그 푸드작품과의 대화는 나에게 지지와 응원의 메시지를 들려주는 자기-격려였고, 나에게 주는 따뜻한 위로였다.

"수고했다."

"고생했다."

"너 지금 잘하고 있다."

내 마음을 다독거리는 것이 우리에게는 필요하다. 우리는 자신이 듣고 싶은 말을 잘 알고 있다. 푸드표현과정은 그것을 쉽게 해 준다. 내가 가장 받고 싶은 선물을 나에게 줄 수 있다. 푸드작품과의 만남은 마음에 기쁨을 치솟게 하고, 그 만남에서 격려와 연민 어린 언어의 선물을 자신에게 줄 수 있다.

푸드표현 치유 과정에서 푸드작품에 대한 피드백을 주고받는다. 표현된 작품에 대한 피드백이 긍정적이고 다양한 시선의 메시지가 들어올 때 그 메시지가 내 안으로 영양소처럼 들어와 마음과 몸에 기쁨의 빛처럼 퍼지는 것을 나는 알고 있다. 그리고 피드백은 내가 푸드작품에서 미처 알아차리지 못했던 것을 깨닫게 해 준다. "아, 맞아! 이런 것도 있었지." 하고 내가 놓치고 있었던 것을 알게 해 준다. "예전에도 내게 이런 것이 필요했었지!"라고 나 자신을 챙겨 줄 수 있고 돌봄을 받게 한다. 내가 나에게 상처와 아픔 대신 친절과 연민을 주도록 편안하게 이끌어 준다.

또한 푸드작품의 표현에는 놀라움이 있다. 아이도, 어른도 자기 이야기를 쉽게 표현한다. 그 표현은 모두 창의적이고 예술적이다. 푸드작품에서 느껴진 것을 피드백해 주었을 때 상대가 "맞아요. 맞아요." 하면서 감탄으로 반응할 때 작품에서 발견된 모습으로 우리가 연결됨을 경험하며 경이로움을 체험한다.

푸드표현예술치료와 함께하며 내담자의 손끝에서 펼쳐지는 푸드표현예술은 말 그대로 창의성의 놀라운 만남이고 배움의 연속이었다. 힘든 내담자가 작품 속 푸드표현의 이야기에 나도 같이 공감하며 내담자의 안전한 보호막이 되어 바람을 막아주는 나무가 된다. 이때 나는 든든하고 유능한 상담자로 사람 내음이 솔솔 피어난다.

나에게 푸드표현이란 숨통 같다. 나의 속상하고 답답하고 화나고 슬픈 마음이 나만의 것이 아니라 사람들의 보편성이라는 것을 발견하게 되기 때문이다. 그리고 그런 사람들을 만나 웃고 울면서 그 사람과 함께 하는 것의 소중함을 알기 때문이다. 푸드표현활동 과정은 상담 현장에서만이 아니라 일상에서 자기 친절을 실천하고 자신을 위로하는 일이다. 그것은 나의 과거를 용서하고, 현재를 수용하고 사랑하며, 미래의 희망을 갖게 한다.

나는 오늘도 친절함으로 나와 너를 만나는 나이길 바란다.

그때 친절함 외에는 더 이상 중요한 것이 없어지고

친절함만이 너의 신발끈을 묶어 주고

밖으로 나가 편지를 부치고 빵을 사게 할 수 있다.

오직 친절함만이 세상의 많은 것들 속에서

머리를 들어 말한다.

네가 찾고 있던 것은 바로 나라고

그리고 너의 그림자처럼 또는 친구처럼

너와 함께 어디든 갈 것이다.

– 나오미 쉬하브 나이 '친절함' 중에서 –

셀프 테라피를 위한 자기 성찰적 질문

1. 나는 나를 질책하거나 비난하는 데 익숙한가요? 아니면 나는 나를 위로하고 친절하게 대하는 것에 익숙한가요?

    ----

2. 만약 친한 친구가 어떤 불행이나 실패, 어려움으로 힘들어할 때 나는 그 친구를 어떻게 대합니까? 무슨 말을 하고 어떤 어조를 사용하며, 어떤 자세로 친구를 대합니까?

    ----

3. 내가 하는 일이 잘못되었을 때 친구를 대하듯이 우리 자신에게 똑같은 친절로 대한다면 어떤 변화가 일어날까요?

----

4. 내가 돌봐주고 싶은 사랑하는 사람에게 사용하는 부드럽고 지지적인 말들은 무엇입니까? 내가 느끼는 힘든 감정에 대한 친절과 연민어린 반응을 적어 봅니다.

- 現, 전문상담교사
- 가족상담 석사
- 한국상담학회 전문상담사
- hanjae3@hanmail.net

PART_8
● ● ●
숨터, 상담실

한연희
전문상담교사

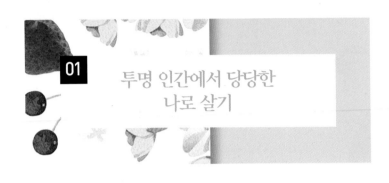

투명 인간에서 당당한
나로 살기

사람이 온다는 건

실은 어마어마한 일이다.

그는

그의 과거와

현재와

그리고

그의 미래가 함께 오기 때문이다.

한 사람의 일생이 오기 때문이다.

– 정현종 시인의 〈방문객〉 –

"여보세요?"

모르는 번호로 전화가 걸려왔다.

"선생님 강산(가명)이예요."

"전화번호가 바뀌었네."

"네. 휴대폰을 새로 바꾸었어요."

"그렇구나. 지금 모임 중이라 전화 받기가 좀 곤란한데 저녁에 내가 전화를 할게."

그렇게 짧은 통화를 하고 저녁에 전화를 하니 연락이 안 되었다. 카톡 프로필에는 '죽고 싶다'라고 되어있어 걱정도 되었다. 며칠 후 주말에 연락이 왔다. 프로필을 보고 걱정했다고 하니 군복무 중이고 제대를 한 달여 남겨 놓고 있다고 했다. 군대 생활과 고등학교 3년의 학창 시절하고 어느 게 더 힘드냐고 물으니 당연히 군대가 더 고통스럽다고 했다. 잘 버티어냈으니 한 달만 참으라고 하니 제대하고 찾아오겠다고 했다. 고맙다고 말하고 아직도 제일 힘들 때는 나에게 전화를 하는가 싶어 고맙기도 하고 '힘들 때만 연락하나?' 하는 약간의 서운함도 교차했다.

강산이는 제대를 하고 친구 한 명과 함께 상담실을 찾아왔다.

"선생님, 지금도 저만큼 힘들거나 선생님한테 자주 찾아오는 학생이 있어요?"
"네가 제일 힘들었다고 생각하는구나?"

그렇다. 힘들 땐 자신이 세상에서 가장 고통 중에 있다고 생각할 수 있다. 그러면서 한마디 덧붙인다.

"선생님, 제 이야기를 아이들에게 해주세요."

가정의 문제와 여러 가지 힘든 상황이었음에도 학교생활을 잘 버티어 낸 자신이 대견스러운가 보다. 벌써 몇 번째 그렇게 말했다. 같이 온 친구는 진로를 고민하고 있었는데, 전공과 상관없이 새로운 길을 가겠다고 하였다. '바리스타' 학과를 졸업하고 카페 취업도 생각해 보고, 돈을 많이 벌기 위해서는 창업도 하고 싶은데, 그렇게 하자니 자본금이 많이 필요해서 농사를 지어서 돈을 벌 것이라고 했다. 그러면서 복숭아 농사를 지을 생각인데 첫 수확물이 나오면 꼭 한 박스를 들고 찾아오겠다고 했다. 학교 다니면서 상담실에서 많이 놀았으니 그렇게 하는 것이 당연한 일이라면서 자기들끼리 웃어댔다. 굳이 사양하지 않고 꼭 가지고 와 달라고 했다. 다만, 선생님의 퇴직이 머지않았으니 빨리 가지고 와야 한다고 농담을 했다.

'제 이야기를 후배들에게 해 주세요.' 라고 말하는 강산이의 환경은 변함이 없었다. 다만, 무거운 환경을 버티어 낼 힘이 생겼고 견디는 방법을 찾았을 뿐이다. 그래서 단단해진 힘으로 새로운 것에 도전도 했다. 제대 후, 프로필 사진의 배경에는 JLPT 일본어능력시험 N2 응시 수험표가 걸렸는데 몇 달 지나니 '합격'이라는 성적 결과표가 당당하게 박혀있었다. 무거운 환경에서 부딪치고 넘어질 때 누군가 옆에 있어 줄 사람, 한 사람만이라도 필요할 때 함께해 줄 수 있었음에 보람을 느꼈다. 그는 살면서 또 넘어질 수도 있다. 그렇지만 한번 일어서 봤으니 또 견디어 낼 수도 있을 것이다.

학생들과 상담을 하면서 정현종 시인의 〈방문객〉이라는 시는 '상담을 표현하기 위한 시가 아닐까?' 생각이 들 때가 있다. 과거를 담은 그들이 오고 '지금-여기서' 그들 자신이 현재를 확인하고 미래의 방향을 잡거나 선택을 한다. 그들의 스토리를 담아내는 방법은 다양하지만, 푸드 재료를 이용해서 표현하면 먹기도 하면서 놀이처럼 즐겁게 표현하니 자신을 성찰할 수 있는 좋은 도구가 되기도 한다. 때론 아픔도 객관화시켜 자신을 한 발짝 떨어져서 볼 수 있다. 함께 이야기를 나누면서 감정의 저 깊은 곳, 마음 깊숙한 곳으로 함께 들어가기도 한다. 강산이와 함께한 푸드표현 마음여행으로 치유되고 성장한 우리의 이야기를 나눠보려고 한다.

작품 1-1

〈상담 초기 자신의 모습〉

작품 1-2

〈상담 초기 학교 생활화〉

〈상담 초기 - 투명인간〉

강산이의 상담실 방문은 담임선생님이 의뢰한 비자발적인 발걸음으로 시작했다. 지각, 결석이 잦고 학교에 와서 하루 종일 잠만 자고 있으니 만나달라는 요청이 있었다. 처음이라 어색하고 방어가 심할 수도 있었으나 푸드를 활용한 상담은 사람의 마음을 빨리 열게 하는 것 같았다. 〈작품 1-1〉은 상담 초기 잦은 결석으로 학교생활을 근근이 이어나갈 때의 모습이다.

비스킷을 켜켜이 쌓았다. 그 사이에 땅콩 치즈를 넣어 넘어지지 않게 접착제 역할을 하도록 했다. 가출했지만 친구 집에서 머물며 생활비를 벌기 위해 아르바이트를 하면서 학교생활을 버티고 있는 자신의 상황을 표현했다.

〈작품 1-2〉는 '학교생활 표현하기'인데 잦은 지각에다 결석, 등교한 이후에는 하루 종일 책상에 엎어져 잠만 자고 있는 자신이 투명 인간처럼 느껴지고 친구들 사이에서는 존재감이 없어 귀신처럼 생각이 된다고 했다. 공허함, 불면, 먹고사는 문제, 잠자는 공간이 없음에 대한 걱정·근심, 그리고 자신이 도둑으로 오해받아 궁지에 몰린 사건에 대한 힘듦으로 학교에서의 공부가 의미도 없고, 친구들도 눈에 들어오지 않는다고 했다.

상담을 하면서 몇 번 반복해서 말한 것이 하나 있었다.

"선생님은 한 해 한 명씩의 학생을 구하는 것이 내 목표이다."

그러자, "올해는 그 목표가 저인가요?" 물었다. 그렇다고 하자, 다음 번 상담에서도 자주 그 질문을 했다. 한 번에 한 명씩 사랑을 이어가라는 어느 분의 말씀을 가슴에 새기며 살아가던 나에게는 실제로 한 해 한 사람이라도 제대로 도와주고 싶은 마음이 있었다.

매슬로우의 욕구이론에 의하면 사람은 누구나 다섯 가지 욕구를 가지고 태어나는데, 이들 다섯 가지 욕구에는 위계가 있어 먼저 아래의 욕구가 채워져야 다음 단계의 욕구로 넘어 간다고 한다. 사람들은 먹고 자고 생존에 필요한 가장 기초적인 생리적 욕구를 먼저 채우려 하며, 이 욕구가 어느 정도 만족되면 더 편안하고 안전해지려는 욕구를 추구한다. 안전 욕구가 어느 정도 충족되면 사랑과 소속의 욕구를, 그리고 더 나아가 존경의 욕구와 마지막 욕구인 자아실현의 욕구를 충족하여 보다 나은 가치를 위해 살아간다는 것이다.

그런데 강산이는 먹고 자는 문제가 해결되지 않은 채 친구 집을 전전하고 아르바이트를 해서 생활비로 써야 했다. 그러다 보니 몸을 씻고 옷을 세탁하는 문제도 제대로 해결되지 않은 채 학교를 다닐 수밖에 없는 상황이었다. 상담을 하는 중간에 친구 집에서 쫓겨나다시피 해서 공원에서 자고 오는 날도 있었다. 제대로 세수, 양치, 머리 감기 등의 기본적인 씻기가 안 되다 보니,

상담을 한 시간 하고 나면 상담실 창문을 열어 한참을 환기를 시켜야 했다. 노숙자처럼 냄새가 많이 나는 날도 있었다. 몇 번의 상담을 한 이후에 청소년기에는 친구 관계가 중요하고 그전에 해야 할 일이 몇 가지 있는데 자신의 몸이나 옷을 청결하게 하는 것이 그것이라고 설명해 주었다. 그것이 폼생폼사라고.

기본적으로, 상담자는 때로는 부모 역할을 하며 어느 단계에서 성장이 멈추었는지를 알고 거기에 맞는 적절한 교육이나 안내를 해줘야 한다. 왜 씻어야 하는지조차 모르고 위생의 관념이 없을 때는 유치원 단계부터 알려줘야 하는 부분이 있음을 가끔씩 느낀다. 인사하기, 몸 청결하게 하기, 말하는 법 등등을 코칭하면서 상담자는 부모의 역할을 해야 할 때도 있다. 학생들은 라포르가 잘 형성되면 가끔씩 퇴행하는 경우도 있어서 말투가 어린아이처럼 되거나 응석을 부리는 경우도 있다. 그럴 때는 기다리면서 그들의 이야기를 다 들어주면서 하나씩 풀어가야 한다.

강산이에게도 자기관리를 하는 이유에 대해서 말해 주어야 했다. 신체에 대한 청결을 신경 쓰지 않으니 냄새가 나고, 학교에 와서 하루 종일 잠만 자니 친구들이 가까이하고 싶지 않을 수밖에 없으리라는 것과 출석 일수를 채우러 왔지만 자신의 존재가 다른 친구들에게는 투명인간 같은 취급을 당할 수밖에 없는 상황임을 일일이 설명을 해 주었다. 시간이 지나면서 점차 어느 날은 머리를 감았다고, 또 다른 날은 양치를 두 번 했다고 수시로 상담실 문 앞에서 통보를 해주고 갔다. 말을 듣고 실천하고 있는 모습이 기특했다.

작품 1-3

〈상담 중반 자신의 모습(감정 표현)〉

〈상담 중·후반기 – 나는 나!〉

강산이는 늘 배가 고팠다. 상담실에는 푸드 재료들이 많이 있었고 다양한 먹을거리가 준비되어 있었다. 푸드 표현을 활용해서 상담을 하는 곳이라 물건도 자주 사 왔고 많이 표현하고 많이 먹자, 상담실 청소하는 학생들은 귀찮아했다. "도대체 뭘 처먹

길래 이렇게 쓰레기가 많이 나와요?" 입이 거친 청소 당번 아이가 항의 반, 농담 반으로 말했다. 그러면 상담자는 그 학생에게 그들의 눈높이에 맞춰 대답해 주었다. "많이 먹이고 같이 노는 것이 내 일이거든!"

강산이가 중간에 도망을 못 가게 상담 시간은 마지막 수업 시간 7교시로 잡아서 상담을 한 후에 귀가하도록 했다. 그 사실을 강산이에게도 알려 주었다. 〈작품 1-3〉은 '현재 나의 감정을 자유롭게 표현하기'였고 상담이 진행되면서 먹고 자는 문제 해결을 위해 상담자가 학생을 방치한 아버지와 연락하여 숙식의 문제가 해결되고 난 후에 표현한 것이다. 휴대폰도 생겼다. 먹고 자는 문제가 해결되지 않았을 때는 상담자를 성가시게 하는 점이 있었다. 쉬는 시간마다 하루에 대여섯 번 때로는 그 이상 상담실을 들락거리며 먹을 것을 달라고 하는 것이다. 상담실을 찾는 횟수를 점심시간으로 제한했으나 먹는 문제보다 그는 상담자의 관심이 고파서 여전히 시도 때도 없이 들락거렸다. 그런데 기본적이고 절실하고 중요했던 문제가 해결되자 표정이 많이 밝아지면서 상담실 방문횟수를 줄이려고 애는 썼으나 하루 두세번으로 줄이는데도 몇 달의 시간이 걸렸다. 그 때 푸드로 표현한 작품 제목이 〈웃고 있는 모습〉이었다.

푸드표현과 함께 감정 카드로는 자신의 감정을 찾아 보자고 안내했더니 신난다, 살맛난다, 만족하다, 기쁘다 등을 뽑아서 긍정적으로 변화하고 있는 자신의 감정을 확인하였다. 물론 '불면증, 생각이 많음, 물질로 인한 이 행복한 감정은 곧 사라질 것이다.' 등의 부정적인 생각이나 감정들도 여전히 존재하고 있음을 드러내면서 스스로 들여다보았다. 긍정적인 감정과 부정적인 감정이 다 있으나 긍정의 감정에 물을 주기 시작했고 그 영역을 넓히기 시작했다.

작품 1-4

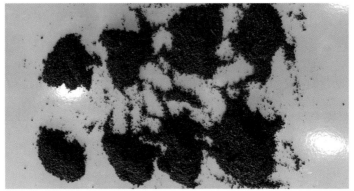

〈상담 후기 학교생활 표현하기 : 나는 내〉

참으로 다행인 것은 강산이가 상담에 잘 참여해 주고 있었다는 것이다. 그래서 당시에 하교 후에 만나는 친구가 네 명 있었는데, 어느 날은 등교한 사람은 자신이 유일하다고 했다. 다른 아이들은 PC방에 갔단다. 강산이는 수업의 중요성을 알고 있다고 했다. 그런 날은 수업 중 가장 재미있었던 과목을 하나 골라보라고 하고 생각나는 줄거리를 말해 달라고 했다. 또 다른 날은 기초 생활 수급자로 선정되어 점심 식사가 가능해져서 감사하다고 했다. 작은 것에도 감사하는 마음을 보며 상담자로서 그의 변화를 느꼈다. 상담실에 그를 위한 컵라면을 세 박스나 사 두었는데 이제 한숨을 좀 돌려도 될 것 같았다. 상담실은 그가 언제 오든 먹을 것이 있는 보물 창고와 같은 장소였다.

〈작품 1-4〉는 상담이 2년여 정도 진행된 후반기의 작품이다. 상담 초기에 〈학교생활 표현〉을 한 것처럼 시간이 흐른 후에 같은 주제로 표현한 작품이다. 마치 심리검사의 사전·사후 검사처럼 푸드 표현도 저렇게 해보면 된다. 제목은 〈나는 나!〉. 다른 아이들과 마찬가지로 그냥 당당한 한 사람으로 앉아 있는 것이란다. 존재감 없는 귀신이 아니라 누가 나인지 찾을 수 없을 정도로 친구들과 똑같이 교실에 앉아 있다고 했다. 상담을 하면서 자신의 장점을 찾고 거기에 집중해서 상담을 했다. 상담을 해보니 강산이는 영리해서 집중하여 공부한 과목은 성적도 많이 오르고, 깨끗하게 씻고 다니니 외모도 귀여운 모습이 되었다.

학교에서 상담이 진행되는 중에 어느 날은 함께 어울리는 친구

중에 학교 결석이 잦은 친구에게 상담을 해 주었다고 했다. 어떻게 상담을 했느냐고 물으니 상담 선생님이 해주신 대로 했단다. "어떻게?" 그 친구에게 "너의 장점을 적어보자.", "너의 감정은 어떠하냐?", "학교를 계속 다닐 때와 그만두었을 때 각각의 장·단점을 10가지씩 말해보자." 등의 질문을 하면서 상담하며 배운 것을 또래상담자처럼 잘 활용하였다. 그러면서 그 친구에게도 학교 상담실을 찾아가 보라고 권유했다는 것이다. 물론 그 친구도 상담실을 찾아가고 있는 중이긴 했다. 녀석의 모습이 대견하고 웃음이 나오면서도 한편으로는 믿음직하면서도 마음 한편이 짠하기도 했다.

상담을 하면서 그렇게 우리 아이들은 자신의 자리를 찾아간다. 2년여의 상담을 하고 3학년이 되었을 때 그가 등교하면서 교문에서 어떤 종교단체가 선교를 위해 컵라면을 나누어주었는데 그것을 들고 상담실로 찾아왔다. 고마움의 선물이라고 나에게 주고 갔다. 가슴이 뭉클했다. 그가 표현할 수 있는 최대한의 정성이었을 것이다.

이 글을 쓰는 중에 상담자로서 푸드로 표현할 일이 있었다. 〈작품 1-5〉인데 제목은 〈태풍이 통과하는 돌담〉이었다. 구멍이 숭

작품 1-5

〈태풍을 통과시키는 돌담〉

숭 뚫려 있어서 거센 바람이 불어도 넘어지지 않고 통과시키는 제주도의 현무암 돌담처럼 학생들과 상담을 하다 보면 상담자는 그들의 이야기를 판단 없이 들어주어야 한다. 통과시켜 주어야 하는 것이다. 그들의 행동이 옳다고 하는 것이 아니라, 잘 들어주면서 서서히 행동 수정을 하는 것이다.

또 한편으로 보면 검은 부분은 흙처럼 보이고 그 위에 한 송이 꽃이 핀 것처럼, 한 사람을 바로 세우기 위해서는 가슴에 구멍이 나면서도 기다려 주는 누군가가 필요하다는 생각도 든다. 그리고 한 번에 한 명씩 사랑하되 그 내담자는 오로지 자신만 사랑받고 있다고 느낄 정도로 진심으로, 온 마음으로 그들의 이야기에 귀 기울여 주어야 함을 표현하였다. 가정에 위기가 있는 학생에게 부모의 역할을 대신해 줄 누군가 한 사람은 학교에 있어야 한다.

〈추수 상담 – 도전, 또 도전〉

고등학교는 성장 단계상 입시에 대한 부담으로 학업 스트레스가 아주 크고 친구들은 동지이자 경쟁 관계이고 마음의 갈등도 많다. 〈작품 1-6〉과 〈작품 1-7〉은 각각 다른 학생의 학교생활화 작품이다.

작품 1-6

학교 생활화 〈양식장〉

작품 1-7

학교 생활화 〈노잼〉(재미없다)

제목은 하나는 〈양식장〉이고 하나는 〈노잼〉이다. 이 작품을 가져온 이유는 일반적인 고등학생의 학교생활을 상징적으로 표현한 것이기 때문이다. 한정된 공간과 시간 안에서 성취를 이루어내야 하는 그들의 마음은 양식장 안의 물고기처럼 답답하고, 학교는 재미없는 곳으로 표현되어 있다. 물론, 그렇지 않은 학생들도 있을 것이다.

청소년 상담, 특히 고등학교 상담은 짧게는 1년, 길면 3년이지만 상담실에 오는 학생이 상담이 진행되는 과정에서 변하고자 하는 마음만 일어난다면 참으로 리모델링이 잘 되는 시기이면서 확장공사를 잘해야 하는 시기이다. 청소년기의 뇌는 리모델링을 하고 있어서 건물을 리모델링하는 동안 건축자재들이 널려 있고 부서진 곳이 많이 있듯이, 청소년의 두뇌 전선도 필요한 것은 강화하고 불필요한 뉴런은 소멸하면서 정리가 된다고 한다. 청소년의 뇌는 전두엽이 미숙한 반면 감정의 뇌는 매우 활성화 되어있다. 그런데 불행하게도 우리나라 청소년들은 한창 감정의 뇌를 발달시켜야 할 중요한 시기에 대부분의 시간을 공부에 쏟고 있다. 공부가 최대 목표이자 과제이다. 그러다 보니 여행을 간다든지, 친구들과 논다든지, 하다못해 마음 편히 읽고 싶은 책을 읽은 시간조차 없다. 감정의 뇌를 자극할 만한 경험이 절대적으로 부족한 것이다. 그래서 학교라는 공간이 그들에게는 '답답하고 재미없는 공간'으로 인식되기도 하는 것이다. 청소년들의 감정은 감정의 뇌가 한창 활발하게 발달하고 있는데다 사춘기 때는 감정 조절 역할을 하는 '세로토닌'이라는 신경전달물질이 덜 나와서 감정의 기복이 심하다고 한다. 청소년들은 아동과 성인에 비해 세로토닌이 약 40퍼센트 정도 덜 나온다고 한다. 그러니 청소년들의 감정이 쉽게 불안정하고 기복이 심하다. 아이의 변덕스러운 감정을 적극적으로 받아들이고 공감해주어야 한다. '감정의 뇌'가 충분히 활성화되고 발달해야 성숙한 판단력과 우선순위를 정하고 다면적인 생각을 하는 전두엽도 확장된다. 그들의 환경은 별로 바뀌지 않을지라도 그들의 감정을 충분히 공감해주고 어떤 생각과 행동을 선택해야 하는지 안내해 주면서 그것을 그들이 받아들인다면 리모델링하기에 가장 좋은 시기이다.

작품 1-8

〈상담실을 거쳐 간 학생들에게〉

강산이의 제대 후 몇 달이 흘렀다. 그의 휴대폰 카톡 프로필 사진을 보았다. 제대 후 얼마 지나지 않아 JLPT 일본어능력시험 N2는 합격했고, 지금은 N1 접수 확인증이 떠 있다. 그의 도전이 고맙다. 그리고 넘어지더라도 다시 일어설 줄 아는 그에게 끝까지 지지와 응원을 보낸다. 그리고 진심을 담아 사랑하는 마음으로 상담한 아이들이 많은 열매를 맺기를 기도하며 〈작품 1-8〉처럼 푸드로 표현해 보았다. 작은 것 하나하나 해내는 것이 열매임을 알고 기쁘게 살아가기를 바란다.

02 행복 충전

　　자동차를 운전하다 보면 어느 순간 주유를 해야 하는 때가 온다. 휴대전화를 사용하면 충전해야 할 시간이 필요하다. 많이 달리고 많이 사용하는 날은 충전 간격이 짧아진다. 자동차나 휴대전화처럼 사람도 에너지가 방전되면 충전할 수 있는 방법은 무엇이 있을까? 아마 각자의 다양한 방법이 있을 것이다. 일상생활에서 겪는 크고 작은 스트레스는 자동차의 연료 소모와 같다. 새 차이고 주행거리가 짧다면 아니 주행거리가 길어도 엔진이 튼튼한 차라면 또는 좀 오래된 차라고 하더라도 중간중간 관리를 잘한다면 잘 달리고 사용에 문제가 없을 것이다. 우리도 인생을 달리면서 충전이나 중간 점검을 해야 오랫동안 갈 수 있을 것이다.

상담실은 마음의 연료가 필요한 사람들에게 희망과 용기를 주고 위로를 주는 공간이다. 함께 울고 웃고 들어주는 공간이다.

그렇게 하려면 상담자가 먼저 충전되어야 한다.

마음을 충전하는 방법 중 하나로 푸드로 표현해보는 일은 신선하면서도 의미가 있다. 내게는 오랫동안 나의 뇌리에 잔상으로 남아 두고두고 되새김질 되는 푸드표현 작품이 있다.

작품 1-8

행복한 기억 표현하기 〈다화〉

당시 설겅거리는 음식 같은 불편한 감정들로 머릿속이 복잡했던 나에게 푸드표현이라는 경험은 색다르면서도 어색했다. 그러나 작업을 하면서 묘하게 빠져들게 되고, 작품을 다 만들고 난 뒤에 오는 성취감은 예상 밖으로 컸다. 게다가 잠재된 예술적인 끼를 발견하는 기분 좋은 경험이었다.

10여 년 전의 일이지만 아직도 내게는 행복한 이미지로 남아있다. 〈작품 2-1〉은 내가 표현한 것인데, 일본 여행에서 만났던 다화였다. 지진이 잦은 일본은 방안 높은 곳에 장식을 거의 하지 않으며 당시에 나의 머릿속에는 '축소지향형의 일본인'이라는 책 제목처럼 꽃꽂이도 작은 다기 잔에 꽂는 모습이 인상적이었다. 여행을 하면서 만난 사람, 식사 자리, 방문한 장소, 그날의 분위기가 저 푸드로 표현해본 다화 꽃꽂이 속에 녹아있었다. 작업을 하면서 한 번 더 추억을 소환하고, 표현함으로써 그 행복감이 새로운 이미지로 재창조되었다. 빨간 파프리카를 꽃병으로 생각하고 거기에다 노랑, 빨강 파프리카 채 썬 것과 치커리 잎 등을 꽃처럼 표현해보았다. 작품을 할 때, 싱싱한 채소, 특히 파프리카는 육질이 두껍고 수분이 많아 작업하면서 그 생생함이 생기를 돋우는 기분이 들었다.

마음이 무거울 때 싱싱한 채소로 작업을 하면 그 고유의 색깔과 생기로 에너지가 전달되었다. 자연의 색깔은 굳이 서로 조화를 맞추려 애쓰지 않아도 잘 어우러져서 자연의 위대함을 느끼는 시간이기도 했다. 완성한 이후에는 내 안에 이런 창의성이 있었는가를 스스로 질문해보는 시간을 갖게 되었다. 작업을 마치고 나면 완성함에 대한 성취감과 만족감으로, 시작할 때 어색했던 감정이 사라지고 기분 전환이 되는 것을 느꼈다. 새로운 화면이 등장하는 것이다. 나 혼자만의 자아도취 같은 '자뻑'을 하는 경험이 순간순간 다가온다. 굳이 남에게 칭찬이나 인정을 받지 않아도 스스로 만족스럽고 기분 좋아 자화자찬하고 받아들이는 시간 말이다. 건강한 '자뻑'이나 '자화자찬'은 자존감을 높이는 데도 필요하다고 생각한다.

'나'라는 그릇에다 무엇을 꽂으면 자연스럽고 싱그럽고 든든한 꽃꽂이가 될까? 빨강도 노랑도 녹색도 다양한 색깔이 어우러지면 저절로 아름다울까? 쓴맛, 단맛, 짠맛이 어우러져서 우리 삶이 되듯, 어우러질 수 있는 것들은 잘 받아들여 보자는 생각을 하게 된다. 작업을 하다 보면 내 문제를 객관화시켜놓고 좀 거리를 두고 볼 수 있는 시각도 가지게 된다. 그릇 안의 재료가 과하면 숨 막히고 너무 적으면 쉽게 넘어진다. 처음에는 과하도록 많은 재료를 사용하기도 하는데 그것 또한 당시에 필요한 나의 욕구였다. 때로는 재료 그대로 건드리지 않아도 작품 표현이 될 수도 있다.

일본 여행의 구체적인 추억은 희미해지는데 여행에서 느낀 순간 샷과 감정을 표현한 푸드 작품은 시간이 지나도 선명하다.

내게 의미 있는 작품으로 다가오는 이 푸드표현 작품은 때로 나의 마음을 정화시켜주는 소중한 나의 무엇이다. 그 여행 후 차에 관심을 가지면서 보니 우리나라에도 다도에서는 다화꽃이가 있음을 알게 되었다. 행복 충전은 다양한 방법이 있지만 늘 손 가까이 있는 식재료를 이용해서 내 마음을 읽고 다독거리고 '쓰담쓰담' 하면서 장거리 운행을 할 수 있도록 틈틈이 보살펴주는 것도 한번 시도해볼 수 있는 좋은 방법이라고 생각한다.

03

담쟁이, 상담실

학교 상담실은 아이들이 공동체 속에서 친구들과 함께 잘 지내도록 도와주는 것이 그 무엇보다 중요하다. 인생에서 가장 중요한 두 개의 바퀴는 일과 관계라고 어느 학자가 말했다. 이 두 개의 바퀴만 잘 굴러가면 인생을 행복하게 살 수 있다고 했다. 학생들은 친구와 공부, 어른들은 일(직장)과 가족(또는 친구), 어린아이들은 일(놀이)과 엄마나 양육자와의 관계, 노인들도 일(놀이)과 가족이나 보호자와의 관계가 중요하듯 일생에 걸쳐서 관계는 그 무엇보다 소중하다.

3월이면 학교는 눈에 보이지 않는 전쟁터이다. 누구와 친하게 지낼지 어느 그룹에 들어갈 수 있을지 머릿속이 복잡하다. 함께 식사할 친구가 있는지 없는지는 학생들에게 우주만큼 중요한 문제다. 그 한 명의 사람이 있느냐 없느냐에 따라 천국과 지옥을 오가게 된다. 새로운 환경에서 잘 적응해보자고 하는 시기에

3, 4월은 '골든타임'임을 알고 상담자나 담임교사가 빨리 눈치 채고 함께하면 쉽게 해결될 수도 있다. 이때 가족이 지지적인 환경이 된다면 더할 나위 없이 좋으나 그렇지 않은 경우에는 오히려 방해하는 요인이 되기도 한다. 상담자가 부모와 협력하여 문제 해결을 하고자 도움을 요청하면 오히려 상담자를 공격하여 적응이 힘든 학생을 다시 곤궁의 상태로 빠지게 만들기도 한다. 상담실의 애환을 푸드로 표현한 작품들이라고 생각되어서 소개한다.

〈작품 3-1〉은 푸드표현 상담자들이 원격(줌)으로 수업하다가 자신이 준비한 재료로 작품을 표현하게 되었는데 그 당시의 나의 마음이다. 참깨, 아몬드, 해바라기씨, 호박씨로 무엇을 표현할까 고민하다가 마음을 잠잠히 들여다보고 표현한 것이다. 참깨처럼 작은 씨앗으로 시작한다. 중앙에 빨간 아몬드를 하나 놓은 것은 상담자의 마음에 있는 사랑을 빨간색 씨앗으로 선택한 것이다.

작은 씨앗이 점차 주변으로 확산이 되고 담쟁이넝쿨처럼 주변으로 퍼져감을 표현했다. 그러면서 평소에 좋아하는 시 중의 하나인 도종환 시인의 〈담쟁이〉라는 시가 생각이 났다.

작품 3-1

〈담쟁이〉

작품 3-2

〈담쟁이〉

저것은 벽

어쩔 수 없는 벽이라고 우리가 느낄 때

그때

담쟁이는 말없이 그 벽을 오른다.

물 한 방울 없고 씨앗 한 톨 살아남을 수 없는

저것은 절망의 벽이라고 말할 때

담쟁이는 서두르지 않고 앞으로 나아간다.

한 뼘이라도 꼭 여럿이 함께 손을 잡고 올라간다.

푸르게 절망을 다 덮을 때까지

바로 그 절망을 잡고 놓지 않는다.

저것은 넘을 수 없는 벽이라고 고개를 떨구고 있을 때

담쟁이 잎 하나는 담쟁이 잎 수천 개를 이끌고

결국 그 벽을 넘는다.

-도종환 시인의 〈담쟁이〉 중에서-

며칠 시간이 지나고 다시 냉장고의 채소를 이용해서 〈담쟁이〉(작품 3-2)를 한 번 더 표현해보았다. 아프리카에는 '빨리 가려면 혼자 가라. 그러나 멀리 가려면 함께 가라.' 라는 속담이 있다는데, 상담실을 찾는 아이들 중에서 많은 자원을 가지고 있으면서도 그들이 무엇을 가지고 있는지 모르고, 그들이 보석이 될 수 있는 원석임에도 자신은 하찮은 존재, 때로는 무능한 존재로 자신을 평가해서 방황하기도 한다. 안개 속에 있는 그들에게 지금은 잘 안 보이나 함께 길을 찾아보자고 안내하고 하나씩 찾다 보면 무언가 선명하게 보인다고 안내도 한다. 그 아이들의 손을 잡고 하나씩 문제를 풀어나가고 세상을 향해 걸어 나가는 것, 그리고 자신이 먼저 당당한 사람이 되고 다른 사람과 연결하는 법을 안내해 주면 그들도 다른 사람의 손을 잡아 주는 것을 경험했다. 먼저 한 명씩 도와주고 그들이 다시 또 한 사람씩 일으키고 도우며 천천히 앞으로 가고 싶다는 생각을 해본다. 한 뼘이라도 꼭 여럿이 함께 손을 잡고 나아가는 것, 그래서 절망을 덮고 희망으로 바꾸어 가는 것이 상담자의 역할이고 잎 하나가 담쟁이 잎 수천 개를 이끌고 벽을 넘듯이 상담실은 학생들이 기대는 희망의 장소이다. 오 헨리의 소설 〈마지막 잎새〉에도 화가노인이 담쟁이 하나를 그려서 죽어가는 환자에게 희망을 제공했듯이 상담실을 찾기 이전과 이후가 달라질 수 있도록 빛으로 안내하는 장소이다.

〈담쟁이〉라는 시는 시인이 학교 현장에서 겪은 마음을 표현한 것이 아닐까 생각해본다. 공동체 정신이 희미해져 가는 현시대에 우리가 한 번쯤은 귀담아듣고 실천할 수 있으면 좋겠다는 생각을 해본다.

〈작품 3-3〉은 학생을 도와주려다가 공격을 당한 후 마음의 피를 흘리고 있는 모습을 표현한 것이다.

작품 3-3

〈어쩌라고!〉

상담을 하다 보면 학부모나 학생이 상담자를 조종하려는 경우가 있다. 부모의 요구를 간접적으로 전달하려거나 학생의 요구를 상담자를 통해 부모에게 알리고 싶어 하는 경우가 있다. 상담자가 이야기를 듣고 서로 도움이 되고 필요한 부분은 전달이 아니라 질문을 통해 스스로 통찰하게 하기도 하지만 부모도 자녀의 이야기에 귀를 기울여 들을 줄 알았으면 좋겠다. 상담자도 때로는 그들과 거리두기를 하고 싶을 때가 있다. 〈작품 3-4〉는 학업중단을 위해 숙려제 프로그램을 진행하는 과정에서 어떤 학생에게 인생에서 가장 행복한 때가 언제였는지를 표현해보자는 주제를 주었는데 지금까지 17살 인생에서 가장 행복한 시간은 '숙려제 2주 동안 프로그램을 하면서' 라고 했다. 제목은 〈NOW〉('지금')이었다.

작품 3-4

〈NOW〉

감사하면서도 마음이 아팠다. 지금까지 진심으로 행복한 순간을 떠올리지 못했음이 짠했지만 한편으로는 그 학생에게 인생의 가장 행복한 순간을 선물할 수 있어서 감사했다.

우리의 두뇌는 행복한 기억을 먹고 살도록 조작이 되어있기에 과거에 어떤 고통스러운 일이 있어도 지금 행복할 수 있다고 한다. 어쩌면 우리는 진정한 소통에 목말라 있고 표현에 서툴러서 많은 것을 놓치기도 하고 아파하기도 한다. 소통도 연습이 필요하다. 먼저 나 자신과 소통해보고 타인에게도 내 마음을 표현해보자. 냉장고만 열면 보이는 가까이 있는 재료로 내 마음을 들여다보면서 여유를 찾고 마음 근육을 단단히 만들어보자.

참깨처럼 작은 씨앗 속에 무수히 많은 생명의 씨앗들이 있다. 그런 생명을 살리고 생명의 씨앗을 뿌리는 마음으로 나는 기쁘게 이 일을 한다. 때로는 상처로 아파하기도 한다. 그러나 그들도 아프다는 것을 알기에 빨리 내 마음을 회복하는 방법을 찾는다. 상담 후 부쩍 성장한 아이들의 격려는 큰 힘이 되기도 하고 변화하는 모습을 지켜보는 일은 뿌듯하다. 그래서 나는 손잡고 벽을 오르는 담쟁이처럼 높아 보이는 장벽도 넘으며 기쁘고 감사하게 이 일을 해내려고 한다.

1. 생활하면서 힘든 상황을 극복한 경험이 있었나요? 어떤 것
   이 극복하는 데 도움이 되었는지 가슴에 손을 얹어 장한 자
   신을 느껴 보세요. 만약 푸드 작품으로 마음을 드러낸다면
   어떻게 표현할 수 있을까요?

   ----

2. 자신이 힘들고 어려울 때 옆에 있어 준 사람이 있다면 그
   사람을 떠올려보고 그 사람과 관련된 감정을 작품으로 표현
   해 본다면 그에게 맞는 표현은 어떤 모습일까요?

   ----

3. 어떤 상황일 때 소소한 행복을 느끼시나요? 당신이라면 예쁜 화분에 어떤 것을 담아보고 싶은가요?

----

4. 마음이 우울하거나 혼란스러울 때 나만의 해소법이 있나요? 어떤 방식으로 표현해보면 좋을까요?

----

5. 도움을 주고 상처를 입은 적이 있다면 앞으로는 어떻게 대처하면 좋을까요?

한은혜(별칭 : 풀밭)
———
• 심리치료 석사
• 트라우마회복 상담전문가
• 한국푸드표현예술치료협회 이사
• 한국양성평등교육진흥원 전문강사
• 공주보호관찰협의회 보호관찰위원
• i0328eunhye@naver.com

PART_ 9

● ● ●

풀밭과 함께하는
푸드표현 마음여행

중심을 잡고 우뚝 서고자 하는
우리의 마음
자연의 긍정 에너지를 받으며
참된 나로 성장한다.

한은혜
트라우마회복 상담전문가

두려운 나를 꼬옥 안다

〈둥지〉

칼 구스타프 융(C. G. Jung)이 말하길 사람은 빛

을 추구한다고 밝아지는 것이 아니라 어둠을 의식화해야 밝아

진다고 했다(2006). 융의 말과 같이 어둠의 의식화를 한다는 것

은 무엇일까? 어둠의 의식화가 내 안의 불안과 두려움, 회피의 감정을 직면하는 것은 아닐까 생각한다. 정말로 고통스러울 때는 소리가 안 나온다고 한다. 나 역시 그러했다. 앞이 캄캄해서 보이지 않는 나의 인생 앞에서 무엇을 해야 할지 모를 때가 있었다. 너무 힘든 나머지 누구에게도 터놓고 얘기하지 못하고 혼자 끙끙 앓으면서 울기만 했던 못난 나였다. 당시에는 가족으로 인해 너무 고통스러웠고, 세상 모든 사람들은 다 행복한 것 같은데, 나만 술에 취한 사람처럼 고통 속에서 허우적거리는 것처럼 느껴지고 머릿속이 마비된 것 같은 시간이었다.

나는 자연스럽게 푸드표현을 해보기로 했다. 하얀 도화지 위에 평소에 내가 무척 좋아하는 부추를 이용해서 작품을 표현하고 힘을 받고 싶었다. 냉장고에 있는 영양부추를 하얀 종이 위에 소복하게 펼쳐놓고 바라보며 나는 생각했다. 초록의 기운이 나를 감싸는 듯한 느낌이 들었고 날계란 한 알을 소복이 쌓인 영양부추 위에 조심스럽게 놓아 보았다. 소복하고 포근한 느낌의 부추 위에 홀로 우뚝 서 있는 계란이 나 자신 같았다. 간신히 버티고 있는 나를 포근히 감싸주는 영양부추가 기운 내라며 힘을 주는 듯한 느낌도 들었다. 마음속에 따뜻한 기운이 돌면서 입가에 미소가 생기고 눈가에는 눈물이 맺혔다. 아마도 나는 누군가가 나를 이렇게 아무 말 없이 조용히 그리고 따뜻하게 안아주기를 기대했었나 보다.

잘 부서지는 계란, 그렇지만 영양소를 가득 담고 있는 계란은 바로 나 자신이다. 보호받고 싶고, 누군가에게 의지하고 싶은 나를 바로 인정해야 하지만 잘되지 않았던 나. 그런 나를 포근하게 안아주는 영양부추가 너무 고마웠다. 작품을 표현한 후 내 안에 따스함이 잔잔히 퍼지는 듯하였고, 나를 믿어주는 누군가가 생긴 듯한 마음에 위안이 되었다. 나를 꼬옥 안아주는 무엇이 있다는 것은 나를 믿어주는 존재가 있다는 것으로 여겨졌으며, 상처 앞에서 당당해질 수 있고 의연해질 수 있는 나로 살아가도록 용기를 주는 것 같았다.

분석심리학자이며 정신과 의사인 칼 융은 우리의 운명은 결국 자신의 의식과 무의식이 만들어내는 것이라고 하였다. 우리에게 일어나는 대부분의 일은 우리 자신이 원인인 셈이다. 창조적인 활동이 나의 심상을 자극하여 긍정적인 나를 만나게 하고, 나의 삶을 좀 더 주체적이고 진정한 자신으로 살 수 있도록 도와준다. 마음속의 소리에 귀를 기울이고 내 마음 깊은 곳, 소중한 자신과 만나는 시간을 자주 가지면 내가 원하는 대로 인생의 주인으로 자기의 운명을 이끌어 갈 수 있다고 생각한다.

내 안의 두려움과 불안한 마음이 올라올 때마다 마음을 푸드로 표현해보면 어떨까. 그리고 표현 속에 드러난 자기 마음을 회피하지 않고 마주할 때 자신이 무엇을 원하는지 알아차릴 수 있다. 우리의 무의식은 언제나 우리가 원하는 것을 알고 있다. 무의식이 표현해 놓은 손끝의 예술작품을 만나며 자신을 위로하고 지지하는 셀프 테라피가 펼쳐진다. 푸드표현활동을 통해 나의 두려움을 의식으로 밝혀주고 표현해줄 때, 나의 무의식은 거대한 잠재원으로, 나를 보다 의미 있는 삶으로 이끌어 주게 된다.

〈내 안의 따스함〉

내 안의 두려움과 불안을 회피하지 않고 마주 보며 정면승부를 할 때 내 안에서 용기가 솟아났다. 용기란 두려움이 있음에도 불구하고 행동하는 것을 말한다. 융이 말하는 개성화는 어쩌면 내가 푸드표현을 함으로써 자기를 찾고 치유를 경험하는 자기인식 과정을 통한 진정한 나와의 만남도 포함되리라.

나의 운명은 내가 개척할 수 있다. 나 자신 안에 두려움이 있지만 내 안에 있는 무의식과 그림자를 구분하고 자기인식을 밝고 긍정적으로 빛을 발현할 수 있도록 나의 내면에 귀를 기울여 보았다. '내 안의 따스함'을 드러낸 푸드표현은 나를 있는 그대로 받아주는 '둥지'의 작품을 통해 나의 마음에 따스함이 퍼지는 기쁨을 표현한 것이다. 내 안의 밝은 빛이 온기를 발산하여 나는 물론 내 주변으로 밝게 번져 나와, 함께 하는 사람들에게도 따스하고 행복한 삶을 살게 해 줄 것이라 믿는다.

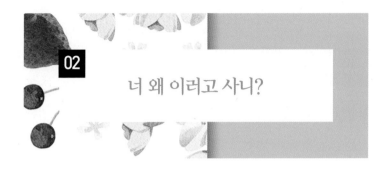

너 왜 이러고 사니?

　　나의 영원한 멘토인 김지유 교수(별칭 치유산타)와
아침 출근길에 짧은 통화를 하면서 "요즘 나는 왜 이러고 사는
지 모르겠어요."라고 했더니 치유산타 왈 "선생님, 많이 바쁘
셔서 푸·놀·치할 시간 없으시죠? 잠시라도 자기 안에 머물
며 자신의 내면을 바라보세요. 꼭 답을 찾지 않더라도 잠시 자
신과 만나는 그 순간이 선생님에게 편안함을 선물해 줄 거예
요. 그리고 그 편안함이 성장과 치유로 이어지면 그것이 푸드
표현 셀프 테라피 아닐까요?"라고 하셨다. 그 순간 나는 '그
래! 요즘 내가 나에게 시간을 온전히 내준 적이 있었나?' 하고
반문하게 되었다.

내가 하는 일은 상담소에서 나보다 더 힘든 내담자를 만나 그들
을 돕는 일이다. 주로 그들의 얘기를 들으면서 투사가 일어나지
않도록 마음의 평정심을 잘 다스려야 한다. 바쁜 일상 속에서

내담자들을 위해 많은 시간을 할애하지만 정작 나 자신을 위로하고 지지하는 시간은 하루 중에 얼마나 가졌었던가? 이 대화를 통해 나는 나의 시간을 만들기로 했다. 그동안 나는 참 잘 살아왔다. 여기까지 오느라 정말 수고 많았던 나에게 나를 위한 선물을 듬뿍 주고 싶다.

고통과 절망의 시간이 지나가고 지금은 아이들도 성장해서 대학생이 되고 각자의 역할을 해낸다. 기특한 나의 아이들은 자신에게 주어진 몫을 잘 해내고자 노력한다. 참 대견하다. 내가 엄마지만 별로 해준 게 없는 듯한데 잘 커 준 아이들에게 고맙다. 그래도 주말이면 제대로 엄마 역할 하느라 '특별식'이라는 이름으로 맛있는 음식을 만들어주고, 부족한 엄마이지만 나름대로 최선을 다했었다.

성인이 된 아이들을 바라보며 대견함과 감사함이 뭉클 솟아오른다. 더불어 나에게도 엄마 역할을 잘 견디고 해낸 것에 대해 칭찬을 해주고 싶다. 역할에 충실한 모습으로 살아가며 때로는 대충 하고 싶었지만 어려운 상황마다 잘 견디고 여기까지 해낸 내가 자랑스럽고 뿌듯하고 기쁘다. 특히 어려운 환경 속에서 잘 자라준 아이들을 바라보는 부모의 마음이 아마도 이런 마음일 것 같다. 감사와 대견함, 뿌듯하며 자랑스럽고, 행복하지만 미안함도 함께하는 양가적인 마음이 느껴진다.

나는 지금이 엄마가 아닌 나 자신을 찾아보는 시간이 필요한 시점이라 생각했다. 박사과정을 공부 중인 나는, 표면적으로는 불안한 미래를 위해 준비하는 것이라고 했지만, 나에 대해 더 깊이 알고 싶은 욕구에서 시작했다. 일을 하면서 공부를 하는 것은 만만치 않은 일이라는 것을 절실히 느끼면서 2021년을 보냈고 있다. 1년 이상의 시간이 더 남았지만 나는 분명 잘 해낼 수 있을 것이라 믿으며 나를 지지하고 응원한다.

세상은 내가 생각하는 것보다 그렇게 두렵지 않다. 나의 불안감이 나를 옥죄고 나를 통제하는 것이라는 걸 알고 있다. 그것들을 극복해 내기 위해 나 자신을 위한 공부를 계속한다. 공부는 참 즐겁다. 창의적인 생각들이 솟아나게 한다. 학습을 통해 나의 뇌를 자극하는 것은 푸드표현을 하면서 나의 감성과 인지를 자극하는 것과 같은 맥락이라 생각한다. 성장에는 한계란 것이 없다. 내 안의 지혜와 긍정성을 통해 주도적으로 살아가며 학습능력과 창의성을 높이고, 매 순간 성장하는 삶을 위해 푸드표현 작품으로 지금의 나의 상황을 정리해 보는 시간을 가졌다.

〈나를 정리하는 시간〉

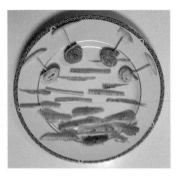

〈변형 작품(1차)〉

〈통합된 심상 작품(2차)〉

푸드표현을 하기 위해 냉장고 안을 들여다보니 재료가 많지 않았다. 텅 빈 냉장고는 마치 내 마음 같았다. 있는 재료라고는 오이와 게맛살뿐이다. 소박한 재료지만 내 마음을 표현하기에 충분했다. 오이의 싱그러움과 게맛살의 부드러움을 붉은색을 이용하여 표현해보았다.

첫 번째 작품에서 '나를 정리하는 시간'을 표현하였으나 작품은 오히려 정신이 없어 보이고 산만한 느낌이 들었다. 다시 작품을 1차 변형해 표현해보았다. 내가 나를 바라보는 시간에 각각의 의미를 알아볼 수 있도록 분리를 해서 바라보았다. 여전히 산만한 느낌으로 다가왔다. 분리된 재료, 분리된 표현들이 나를 더 불편하게 만들어 재정리의 2차 변형 표현을 했다.

2차 변형 표현으로 정리되지 못한 것들이 하나로 잘 굴러갈 수 있도록 유기적 관계를 형성하기 위해서는 각각 분리해서 바라볼 것이 아니라 결국에는 나를 둘러싼 유기적인 것들이 잘 돌아갈 수 있도록 하는 것이라는 것을 알 수 있었다. 복잡한 생활 속에서도 바퀴처럼 잘 굴러가 모든 것이 순탄할 수 있도록 하며, 십자 모양에 그런 나의 바람을 담아보았다. 이 표현작품에서 보이는 것은 일상이 복잡하고 바쁘지만 '모든 것이 술술 풀리리라.' 하고 내 안의 온전함이 통합되기를 바라는 그런 에너지를 나에게 보내는 것처럼 보였다.

때로는 간결하게

자신의 열등감을 드러내며 세상에 맞선 '용기의 심리학자' 라고 불리는 아들러는 인간은 언제든지 '변화할 수 있는 존재' 라고 말한다. 우리가 변화하기 위해서는 단지 있는 그대로의 나를 받아들이는 용기, 인생에서 마주하게 되는 여러 가지 문제들을 직시하는 용기가 필요할 뿐이라고 하였다(2015). 용기 있는 선택은 아무나 할 수 있는 것은 아닌 것 같다. 내가 만난 한 내담자는 당혹스럽고 두려움이 가득한 자신의 삶을 직시하고 복잡한 마음을 부여잡고 있지 않고 통찰적 사고와 질문을 통해 간결하게 구분하여 자신의 길을 용기 내어 가는 모습을 보여주었다.

2018년 따뜻한 봄날에 선희(가명)를 내담자로 만났다. 선희는 베트남에서 성장하였으며 한국으로 결혼 이주한 여성이다. 결혼 후 선희는 남편의 혀가 다른 사람과 다른 구조라 언어장애가 있는 것을 알게 되었다. 그때 선희는 너무 놀라고 당황했다고 한다. 다시 베트남으로 돌아가야 하는지 고민했다고 한다. 그 당시에는 두려움과 당혹감, 불안으로 하루하루가 고통스러웠지만 도움을 청할 친구도, 지인도 없었다고 한다.

소통이 전혀 안 되는 남편과 생활하며 머릿속이 온통 얽혀있어 복잡하고, 언어도 다르고 음식도 너무 다른 한국의 문화에 적응하는 것이 힘들어 주저앉고 싶은 마음이 많이 들었다고 했다. 내담자는 그 순간 자신을 들여다보며 이런 생각을 했다고 한다. '내가 가장 원하는 것은 무엇인가?' 내담자는 한국에 사는 것이 소원이었고, 돈을 많이 벌어 베트남에 살고 있는 가족에게 생활비를 보내는 것이 자신이 원하는 것이고, 해야 할 일이라고 생각했다. 남편의 상황에 많이 놀라긴 했으나 원하는 것을 이루기 위해 남편을 받아들이기로 했다. 이후의 결혼 생활 동안 딸, 아들을 낳고 잘 살아왔고 한국어를 배우고 아르바이트도 하며 농사도 짓는 삶이 좋았다고 한다.

언어장애가 있는 남편이 직장 동료들 사이에서 갈등이 발생하고 회사에서 따돌림을 당하는 등의 부당한 일을 경험하게 되면서 남편은 마시지 않던 술을 마시기 시작했다. 남편은 급속도로 달라졌으며, 회사도 그만두고 집에서 매일 술만 찾는 알코올 중

독자가 되어 갔다고 했다. 술을 사다 주지 않으면 내담자와 아이들을 괴롭히고 집안의 집기를 파손하는 등의 폭력적인 모습까지 보여서 몇 차례 경찰에 신고하는 일들이 반복된 후 상담소에 방문하게 되었다.

내담자 부부와 상담을 하면서 남편이 언어가 원활하지 않아 노트북으로 글을 쓰며 자신의 얘기를 하는 방식으로 상담을 진행하였다. 내담자는 남편의 성장 과정에서 학교에서 부당하게 차별당한 경험과 가정에서 인정받지 못한 기억, 장애가 있는 사람으로 사회에서 살아가며 경험한 어려운 부분을 알 수 있게 되었다. 술로 인한 폭력적인 남편의 모습이 두려워 이혼을 생각했지만, 남편의 아픔을 보면서 내가 한국에 왜 왔는지 깨달을 수 있었다고 한다. 삶의 무게는 내담자보다 남편의 것이 더 무거울 수 있다는 것을 안 순간, 이제는 그 짐을 나누어야겠다고 생각하게 된 것이다.

'너무 깊이 생각하면 안 된다.' 라고 속으로 계속 말했다고 한다. '그냥 단순하게 생각하자. 앞으로 남편 대신 내가 일하면 된다.' 라는 생각으로 남편을 받아들이고 이해하기로 마음먹게 되었다. 자신의 생각이 변화되니 남편이 안쓰러워 보였고, 갈등이 줄어들자 부부관계도 서서히 회복되어 갔다. 내담자에게 무엇을 할 수 있을 것 같은지 묻자, 자신은 운전면허가 있다며 자랑스럽게 운전면허증을 보여주었다. 전문적인 직업을 가져보라고 제안하여 사회복지사 자격을 안내했다. 그녀는 당장 시작해 보겠다며 사이버로 공부를 시작하고 상담소에서 실습을 하며 적극적인 자세로 성큼성큼 미래를 향해 나아갔다. 1년이 지나 드디어 사회복지사 자격을 취득하고 상담소에 감사의 인사를 전하는 모습에 희망이 가득했으며, "이제 취업할 거예요."라고 하며 웃는 그녀의 모습에는 생기가 가득했다. 얼마 지나지 않아 다문화가족지원센터에 사회복지사로 취업했다는 소식을 전해주어 나 자신도 너무 기쁘고 감사했다.

아들러는 "인간에게 가장 힘든 일은 자신을 알고 자신을 변화시키는 일"이라고 말한다. 상황을 단순하게 생각하고 간결하게 보고자 하는 내담자의 마음이 자신의 관점을 바꾸고, 삶의 자세도 변화시킬 수 있었다. 자신을 변화시키는 일이 가장 힘든 일이라고 하는데 내담자는 자신의 위기를 회피하지 않고 직시하며 자신의 문제를 해결한 것이다.

나는 내담자를 통해 때로는 복잡한 삶의 여정에서 간결하게 길을 찾는 것, 또한 문제 해결의 방식이 될 수 있다는 것을 알았다. 놀라운 결단으로 성공적인 인생을 보여준 내담자에게 감사함을 전하며, 앞으로 그녀의 삶에 다가올 빛나는 순간들을 기대하고 응원한다.

〈버팀목〉
탁월성의 원은 자신이 원하는 것을 성취하기 위한 간절함을 무의식적으로 표현하여 다짐하고 실천하는 자신으로 변화하는 마음의 표현이다.

이 작품은 '버팀목'이란 제목을 붙인 선희의 작품으로 남편과 함께 잘 살아가고 싶은 선희의 마음이 드러난 표현이다. 6개의 양송이버섯을 표현하며 "당신을 사랑해."라는 뜻이라고 했다. 남편과 함께 예쁘고 사랑이 가득한 가정을 만들고자 하는 마음을 담아 표현했으며 작품을 표현한 후, 남편에게 작품 사진을 보내자 "고마워."라고 답장이 왔다. 답장을 받고 활짝 웃던 그녀의 밝은 얼굴이 기억난다.

우리는 역경, 스트레스 등을 헤쳐나갈 때, 때로는 머릿속이 복잡해진다. 그러나 내가 만났던 선희는 당황스럽고 어려운 상황을 단순하게 생각하고 방법을 찾았다. 우리도 선희처럼 불안을 해결하는 것은 어떨까? 불안을 해결하고자 여러 가지 장치를 만들고 안전망을 설치하는 등의 방어를 하지만 우리는 매번 그러다 아무것도 진행을 못 한다. 이런 상황에서 자신을 질책하거나 사회를 탓하는 못난 모습을 보이기도 한다. 힘들고 지치고 앞이 보이지 않을 때, 내담자처럼 그냥 자신에게 "나는 지금 무엇을 원하는가?"라는 핵심적인 질문을 자신에게 던져보라. 간결하고 핵심적인 질문 속에서 답을 찾는 것이 중요하다.

알프레드 아들러의 말처럼 일반적으로 주어진 '인생의 의미'라는 것은 없다. 인생의 의미는 스스로 자신에게 부여해 주어야 한다. 과거는 바꿀 수 없지만, 미래는 얼마든지 바꿀 수 있다. 지금 이 순간, 여기에 집중하여 미래로 향하는 지금 이 순간을 성실하게 매일매일 살아나가면 오늘이 바로 내가 바라던 미래가 된다.

04

단어 하나 바꿨을 뿐인데

작품1 〈불꽃처럼〉

작품2 〈나무가 되어〉

정신과 전문의 이나미는 그녀가 다른 전문의들과 함께 쓴 책, ≪심리톡톡 나를 만나는 시간≫ 중 〈가슴 뚫린 곳에 창조의 싹이 돋아난다〉에서 슬픔이 가진 창조의 힘에 대해 말하였다 (2015). 그녀는 슬픔이 어떻게 창조적인 에너지를 내는지 아리스토텔레스의 말을 인용하였다. "소크라테스와 플라톤을 포함한 위대한 사람들은 우울한 병에 걸려 있거나 우울해하는 습관이 있다."라고 표현하였다.

우리는 살아가며 때로는 예기치 못한 아픔을 겪고, 그 아픔이 내재되어 분노와 화로 폭발되기도 하는 슬픈 경우와 맞닥뜨린다. 최근에 내가 만난 내담자도 그러했다. 큰 키에 딱 봐도 남성다움과 강인함이 느껴지는 40대 남성이 상담실로 성큼성큼 들어왔다. 자발적인 상담이 아니었던 내담자는 현재 상담을 받는 자리에 있다는 것조차 받아들이기 어려운 마음이며, 자신이 그럴 수밖에 없는 상황과 알코올 의존이 심한 전 부인으로 인해 가정이 파괴되고 있다는 말과 더불어 모든 것은 그녀의 탓이라 표현하며 억울함을 호소하였다.

억울함과 분노로 세상이 다 원망스럽게 여겨진다는 그 남자의 이야기를 시작해보고자 한다. 초등학교 저학년 때 집을 나간 어머니로 인해 상실감과 아픔이 우울과 분노로 내재화되어 결국 20대에 공황장애를 경험한 내담자였다. 어머니가 떠나던 날 아침, 학교 등교 전 어머니에게 "엄마 오늘 어디 안 가지?"라고 물었고, 그의 어머니는 "응, 어디 안 가."라고 대답을 했지만 여전히 불안한 등굣길을 나서게 된다. 학교를 마치고 집에 왔을 때 어머니는 보이지 않았다. 내담자는 울면서 집안과 마을 여기저기를 찾았으나 어머니가 없다는 사실에 절망하고 마당에 주저앉아 두 다리를 굴리면서 엉엉 울었단다. 그날의 기억은 두고두고 내담자의 마음에 슬픔으로 자리하며 아픔이 되었고 결국은 분노로 변했다. 그리고 어느 순간부터 그는 속 상한 일이 있으면 순간순간 욱하는 분노의 감정을 스스로 통제 하지 못하게 되었다.

어릴 적 이해되지 않았던 부모의 행동과 어머니의 대처를 고스 란히 홀로 받아내야만 했고, 어떠한 감정도 말로 표현할 수 없 었던 순간들에 대해 물음표만 가득한 채 성인이 되었다. 그는 성인이 되어서도 사회생활을 편하게 하지 못했으며, 결국에는 알 수 없는 불안감으로 공황장애 진단까지 받게 되었다. 공황 장애를 이겨내고자 남모르게 병원에 다니기도 하고 운동과 등 산으로 마음을 다스리며 공황장애를 어렵게 극복할 수 있게 되 었다.

이후 그는 한 여인을 만나 남편이 되고, 아빠가 되어 너무 기쁘 고 감사한 순간들에 "이제는 잘 살 수 있겠지."라고 안도하는 것도 잠시, 그에게 또 다른 시련이 다가왔다. 부인이 알코올 의 존, 우울증, 공황장애 환자였다. 그는 자신이 공황장애를 극복 한 것처럼 부인에게도 용기를 주고 싶었지만, 이상하게 분노의 감정이 올라오고 자신의 삶에 대한 고통과 원망만 가득했다. 건강하지 못한 부부의 모습으로 상처를 받는 것은 항상 어린 자녀들이었으나 그는 알면서도 모르는 척하며 모든 원인을 부인의 탓으로 돌렸다. 결국 부인과 이혼한 후 자녀들을 홀로 양육하면서 자신의 어린 시절이 생각나 아직 어린 딸과 아들에게 더 통제적인 환경에서 훈육하게 되었다. 이런 자신을 보며, 벗어나고자 한 과거 자신의 삶이 현재 삶에 재현되는 듯한 생각에 불안과 분노는 더욱 그를 괴롭혔다.

헤르만 헤세는 '당신이 누군가를 미워한다면, 당신은 그 사람 안에서 당신의 일부인 그 어떤 것을 발견하고 미워하는 것이다. 우리 자신의 일부가 아닌 것은 아무것도 우리를 괴롭힐 수 없다.'라고 했다. 내담자는 부인을 미워했지만 그것은 자기 안의 해결되지 않았던 어머니의 원망에 대한 투사가 일어나 자신을 괴롭히고 가정을 힘들게 했던 것이다.

프로이드는 무의식적 소원들과 충동들이 의식, 전의식과 갈등하는 것이 아니라 방어들과 갈등하고 있다는 사실을 밝혔다. 방어들은 의식할 수 없으며 의식에 수용되지 않는다고 한다. 내담자는 현재 불안에 대한 방어기제로 부정, 투사, 투사적 동일시, 왜곡, 분리하는 자기애적 방어기제의 형태를 보였다. 내담자는 어릴 적 해결되지 않은 어머니와의 이별이 가장 슬픈 일로 기억함과 동시에 인생 최고의 분노임을 알지 못했다. 어머니가 떠난 것에 대한 내면의 분노와 불안이 해결되지 않은 상황에서, 또다시 현재 자신의 삶에서 자신의 아이들에게 어머니가 없는 상황을 만들고 말았다는 것은 고통이었으며 그것을 해결할 방법이 없는 내담자는 모든 것을 투사할 수밖에 없었다. 그렇게 부인에게 모든 것을 투사하고 자신의 감정을 부인하면서 원인을 외부에서 찾고 있으니 갈등의 골이 깊어진 것이었다.

30회기의 상담을 모두 마친 내담자는 자신이 가장 힘들었던 순간과 가장 행복했던 순간들을 찾으면서 인생의 중심에 자신이 설 수 있도록 도와준 것에 대해 감사해했다. 푸드표현 작품에서처럼 내담자는 지금까지의 삶이 '불꽃처럼' 강렬하지만 고통스러운 기억들로 가득하다. 그러나 자신을 직면하고 내면의 어린 자신을 위로할 수 있게 되면서 매운 고추장 나무는 이제 깨소금이 가득 뿌려진 고소한 냄새를 풍기는 잎이 무성한 나무로 변화되었다.

푸드표현 작품을 통해 느껴지는 것은 그가 앞으로 살아가면서 시련이 다가와도 과거와는 다른 방식으로 접근할 수 있을 것이라는 힘이 느껴졌다. 그의 다짐처럼 자녀들과 소소한 행복들을 많이 만들어 가면서 살아갈 것으로 보였다.

푸드표현 활동을 통해 내담자는 상황을 바라보는 마음의 근육을 단련할 수 있었다. 상황을 바꾸고 싶다면 자신을 바꿔야 하고 나의 생각과 태도가 변화되어야 모든 상황을 다르게 해석할 수 있다는 것을 푸드표현상담을 통해 알아갔다.

가트만은 그의 저서 「우리가 사랑할 때 물어야 할 여덟 가지」에서 모든 인간관계는 개인의 결합을 뛰어넘어 '변화, 기여, 세상에서의 의미 갖기'로 이어진다(2021)고 하였다. 내담자 역시 역경을 이겨내고 성장한 '나무'처럼 세상에 의미 있는 기여를 할 수 있을 것으로 믿는다. 어둠의 심연 속으로 들어갔다가 나온 내담자의 긴 여행에서의 모든 감정은 인간의 '인식'과 생각에서 비롯된다. 인간이 주어진 상황을 어떻게 느끼며 그것을 어떻게 생각하느냐에 달렸다.

내담자가 성장하는 나무처럼 아이들에게 아낌없이 사랑을 주는 멋진 아빠가 되고 가트만의 말처럼 자신과 같은 아픔을 경험한 사람들에게 희망의 메시지를 전달할 수 있는 사람으로 성장할 수 있는 힘이 느껴졌다.

〈희망의 바람〉
붉은 기운을 받아 자신이
원하는 모습으로 씽씽 잘
돌아가길 바라는 기원을
담아 표현.

크리스태기스와 파울러의 책 〈행복은 전염된다(Connected)〉에서
개인의 행복은 의무라고 했던 말이 생각난다. 내가 행복하면 내
옆의 자녀도 친구도 행복하고 그들 또한 주변으로 그 행복을 전
염시킨다는 말이다. 그래서 지구의 반대편까지 행복이 전달되
어 아직도 행복감이 4% 남아 있다는 말을 했다. 또한 "행복한
사람들 끼리 뭉쳐있다. 불행한 사람들 끼리도 뭉쳐 있다." 곧 행
복한 사람을 만나며, 행복해 질 가능성이 높다. 또 내가 행복하
면, 주변 사람들에게 나의 행복을 나눠줄 수 있다. 나의 주변의
주변 사람까지도 행복을 나눠줄 수 있는 말처럼 내담자의 행복
이 주변 사람들에게 행복을 전염시킬 수 있으리라 믿는다.

자신의 어려움을 잘 극복한 내담자를 떠올리며 나 또한 푸드표현을 해보았다. 내담자가 자신 안에 열정과 사랑의 기운을 잘 발현하여 세상에 기여하는 사람이 되길 바라는 마음을 담아서 싱싱한 딸기로 내담자에게 에너지를 실어 보냈다. 자녀들과 행복한 바람을 마음껏 일으켜 환하게 웃을 얼굴들을 떠올리며 나의 마음도 행복으로 물들었다.

05 나로부터 시작되는 변화

　　아름다운 가을, 시월의 어느 날이었다. 5주 동
안, 40시간의 아동학대 행위자 집단상담을 진행하고 마치는 날
이었다. 하늘은 너무나 맑고 공기도 시원하니 창문을 열고 달리
면 시원한 공기가 나의 폐 깊숙한 곳까지 쑥~~ 훑고 지나가는
기분이 참으로 좋은 오후였다. 모든 일정을 잘 마치고 돌아오는
길에 달콤한 커피 한 잔을 나에게 선물했다. 모든 과정을 잘 마
무리하고 마시는 커피는 나에게 만족감을 주어 입가에 미소를
띠게 했고, 미각과 후각을 자극하여 마음까지 행복하게 했다.
커피를 마시다 니체의 말이 떠올랐다. 온전하고 건강한 방식으
로 자신을 사랑하는 법을 배워야 하며, 방황하지 않고 자기 자
신으로 존재할 수 있어야 한다는 말.
한 달에 걸쳐 집단상담에 적극적으로 참여한 6명의 내담자의
얼굴이 하나하나 떠오른다. 비록 아동학대 범죄에 대한 처벌로

진행된 상담이었기에 비자발적인 내담자들은 나와의 첫 만남에서 부정적인 눈으로, 오기 싫은 자리에 억지로 와 있는 모습이었다. 시선은 비판적이고 냉소적이었으며, 말은 삐딱하기만 했다. 나에 대한 소개를 한 후 앞으로 집단상담을 어떻게 이끌어 갈지에 대한 구조화된 일정을 가볍게 안내해 주었다. 그리고 이 모든 진행은 나의 몫이 아니며, 여러분들의 참여로 이루어지므로 자신의 솔직하고 진솔한 참여가 변화를 줄 수도 있고 그렇지 못할 수도 있음을 전했다. 상담자로서는 참여자들을 위해 무조건적인 긍정적 시각으로 공감하고 지지할 것이며, 이해하고 수용할 것임을 강조하였다.

그동안 힘든 시간을 어떤 마음으로 지내왔는지 6명에게 각자 들어 보았다. 그들은 이 자리에 오기 전까지 너무나 큰 잘못을 한 남편으로, 아빠로, 교사로 낙인이 찍혔으며, 억울하게 고소당하여 고통스러운 시간 속에 재판과 판결은 강제적으로 수용해야만 하는 상황에 봉착했으며, 인생 최대의 위기로 인해 공황장애까지 발생한 내담자도 있었다. 그래서 이 자리가 너무 억울하고 분하고, 자신의 말을 들어주지 않는 가정, 학교, 수사기관, 법원 등에 대한 분노의 감정들이 가득한 내담자도 있었다. 외부로 분노를 표출할 수 없었던 내담자는 자신을 고통 속에 빠뜨리는 것을 선택한 사람처럼 불안과 공황으로 눈동자의 초점은 뿌옇고 흐려 보였다. 가해자가 아닌 치유와 회복이 필요한 내담자로 이 자리에 있는 모든 이가 트라우마에서 벗어나서 새로운 나로 변화될 수 있기를 희망했다. 모든 것은 자신으로부터 시작되는 것이며, 수용하는 것이 얼마나 어렵고 힘든 일인지 알아가는 시간이 되기를 바란다고 전했다.

현재 가족의 모습과 원가족의 모습, 자신의 어릴 적 모습을 통해 자신의 자녀와 그들에게 고통을 안겨는 타인의 모습을 발견하고, 자신이 하고 싶었던 꿈을 뒤로하고 현재의 삶을 위해 성실하고 근면하고 열심히 살아온 자신을 발견하며, 스스로 위로하는 40시간을 마친 후, 그들은 자신도 보호와 사랑이 필요한 존재였다는 것을 알아가는 시간을 통해 조금씩 자신의 고정관념과 왜곡된 인식에 변화가 오게 되었다.

〈새로운 발자국을 남기다〉
트라우마 회복을 위한 푸드표현예술치료는 자기 위로와 치유의 경험으로 인도한다. 나로부터 시작되는 변화는 자기 치유적 경험에서 시작된다.

집단상담 마지막에 '나의 다짐'을 귤로 표현하는 작업을 하였다. 작품을 표현한 내담자는 그동안 가족들이 나로 인해 힘들었을 것 같다는 생각이 처음으로 들기 시작한다고 하였다. 내담자는 앞으로 부인과 자녀를 위해 새로운 걸음을 걷고 싶다고 말하였다. 그의 발자국이 이전과는 다른 걸음일 것이라고 하며, 나로부터 시작되는 변화는 우리 가족을 행복하게 만들 것이라고 다짐했다. 작은 변화든, 큰 변화든 언제나 시작은 나 자신부터라는 것을 가슴에 기억하며 집으로 돌아갈 수 있도록 모두가 지지해 주셔서 감사한다는 말을 남겼다.

집단상담에 참여한 내담자들의 말이 생각난다.

"40시간 교육만 받아서 지겨울 것 같았는데 집단상담을 받아 보니 나와 가족을 이해하는 시간을 가질 수 있어서 좋았고 감사합니다."

"집단상담을 처음 경험해 보는데 처음에는 무엇인가 했는데 지금은 이 시간이 참 소중합니다."

"우울하고, 불안하고, 분노하는 등, 하루에도 여러 번 감정 변화가 있을 때마다 스스로 질책하고 고통스러웠습니다. 그런데 이렇게 집단상담을 받으면서 나도 트라우마가 있다는 것을 인정하고 지지를 받게 되니 마음에 큰 위로를 받았습니다."

"어떻게 시간을 보낼지에 대한 염려로 참여했는데 첫날을 보내고 나서는 다음 시간이 기다려졌습니다. 우리의 고통을 이해받는 것 같아서 너무 좋았습니다."

참여자들의 긍정적인 변화와 진심 어린 피드백에 나의 마음도 따스함이 가득했다. 감사함과 서로를 지지하는 그들의 말에 힘을 실어 주고 싶어 푸드표현을 해보았다.

〈슈퍼파워〉

자기에 대한 알아차림과 가족과 타인에 대한 이해의 시간은 결국 자기 성장의 시간임을 알아가는 소중한 시간이었다. '슈퍼파워'라는 작품은 그들의 용기에 힘을 더해서 각자의 삶에 행복의 씨앗을 심을 수 있기를 기대하는 나의 마음을 담아 참가자들에게 전했다.

〈화엄경〉의 일체유심조(一切唯心造)라는 말이 생각난다. 푸드표현집단상담의 안전한 장안에서 펼쳐진 '나로부터 시작되는 변화'는 모든 것은 나에게 달려 있다는 깨달음을 통해 새로운 첫발자국을 시작할 수 있게 되었다. 우리의 삶은 자신의 해석에 달려 있다.

"모든 것은 오직 마음이 지어낸다." 그러므로 모든 것은 나의 마음에서 변화는 시작된다.

1장 | 두려운 나를 꼬옥 안다

1. 두려운 나를 어떻게 안아 줄 수 있을까요?

내 안에서 두려움이 올라오면 "멈춰!"라고 말해보세요.

그리고 뻥튀기 과자를 비닐봉지에 넣고 부숴보세요.

내 안의 두려움은 실체가 없어요.

두려움과 맞장뜨며 나가라고 소리치면 두려움은 사라진답
니다.

----

2. 자신의 두려움을 극복하고 성장한 경험을 주위 사람들과 나
눠보세요.

지금 혹시 주위에 힘들어하는 사람이 있을까요?

그 사람에게 선한 영향력을 나누어 줘보시겠어요?

2장 | 너 왜 이러고 사니?

1. 매일 똑같이 반복되는 일상, 당신에게 삶의 의미는 무엇인 가요?

----

2. 만약 당신이 해결하고자 하는 문제가 있다면, 핵심적인 질 문을 통해 문제를 해결해 보세요.

   일. 나에게 있는 문제들을 펼쳐보고 바라보면 어떤 것들이 있 을까요?

   이. 여러 가지 문제들을 하나하나 객관적 시각으로 재인식해 보세요.

삼. 내가 잘 표현할 수 있는 방법을 찾아보고 서로 나눠보세요.

3. 지금, 여기, 현재의 나는 무엇을 진정으로 원하고 있나요?

3장 | 때로는 간결하게

1. 내 인생의 가지치기를 한다면 무엇을 정리하고 싶으세요?

2. 가지치기를 한 '내 인생의 나무'를 푸드표현을 한다면 어떤
   모습일까요?

   일, 나무를 표현하면서 정리된 생각들이 있을 가요?

이, 내안의 간결함이 푸드표현을 통해 정교화 되었다면 '내
인생의 나무' 의 미래는 어떤 모습일지 생각해 보세요.

4장 | 행복은 전염 된다

1. 어렸을 때 상실감이나 이별의 경험으로 고통을 받은 적이
   있을까요? 그 아픔을 딛고 성장시킨 기분좋은 변화의 순간
   이 있었나요?

----

2. 행복을 전염시킨 기쁜 추억이 있으신가요?
   지금 이 순간 누군가를 행복으로 주변을 전염시켜 보세요.

----

1. 당신에게 아직 남아있는 트라우마의 경험으로 인한 상처가 있다면 자신을 위로하고 지지하는 푸드표현 활동을 해보세요. 자신을 위한 안전지대를 만들고 잠시 그 안전 지대 안에 머물러 자신을 꼭 안아주세요.

   푸드표현을 하며 "괜찮아. 괜찮아" 자신에게 위로의 말을 해주세요.

   ----

2. 트라우마의 경험으로부터 치유되고 회복하기 위해서 가장 우선시 되어야 하는 부분이 있을까요?

   ----

3. 나로부터 비롯되는 변화, 제일 먼저 어떤 선택을 어떤 것을
   실천 해 볼 수 있을까요?

"나는 이대로의 내가 그냥 좋다"

2019년 찾아온 반갑지 않은 손님 코로나19 바이러스. 보이지 않는 미생물의 공격은 지구촌 가족의 삶을 뒤흔들었고 우리네 삶의 많은 것을 바꾸어 놓았다. 서로의 안전을 위해 사회적 거리두기가 당연한 일상이 되어버렸다. 사회적 동물인 사람들은 만남을 통해 기쁨과 행복을 공유하며 살아갈 정서적 에너지를 얻어야 함에도 불구하고 가까운 지인끼리도 거리를 두고 만남을 꺼리게 되는 현실은 사람들 마음에 불안과 우울의 모드를 드리우게 하였다.

코로나 팬데믹으로 인한 우울과 불안을 극복하고 온라인 비대면 시대의 새로운 문화에 잘 적응하기 위한 자기 치유와 성장은 어떻게 시작해야 할까? 나 자신의 이야기를 통해 함께 생각해

보는 기회를 갖고자 한다.

나에게 개인적인 사회적 거리두기는 코로나와 관계없이 보다 일찍 찾아왔다. 2018년 6월, 내 인생의 대전환점이 된 큰 사고가 있었다. 그 사고로 인해 나는 뇌를 심하게 다쳤다. 나를 치료하는 의사들은 당분간 사람들과 대면하지 말고, 말도 하지 말고 최소한 6개월 이상은 생각을 멈추고 뇌를 안정시켜야 내가 고통받고 있는 어지럼증과 두통이 가라앉을 것이라고 말했다. 상담자이자 전문강사인 나는 말로 먹고사는 사람인데 대면하지도 말고 통화도 하지 말라니? 이런 날벼락이!

사고 전, 나의 마지막 기억은 엄청나게 큰 충격음 때문에 '아, 폭탄이 터졌구나.'였었다. 그때 나에게는 영화 고스트('사랑과 영혼')에서 주인공 남자 배우인 패트릭 스웨이지가 겪었던 유체이탈(Out of Body)과 비슷한 현상이 일어났다. 나는 공중으로 떠올라, 양손으로 핸들을 잡고 기절해 엎어져 있는 자신을 바라보며 계속 말을 걸고 있었다. 나는 그때 그 순간을 4년이 지난 지금도 아주 또렷하게 기억하고 있다. "김지유, 정신 차려. 왜 그러고 있니? 그렇게 원하던 푸드표현 인문학 강의를 한다고 기뻐하더니 왜 그러고 있니? 일어나. 빨리 정신 차려!"라고 내 몸에게 말하던 그 순간을.

사고 이후 3년간 교통사고 후유장애에 시달리며 나의 시간은 아주 더디게 천천히 흘러갔다. 집과 병원을 오가며 나는 온전하게 기능하는 사람으로서 회복하기 위해 희미해지려는 정신줄을 놓지 않으려고 부단히 노력했다. 그때부터 나는 다른 사람들을 돕고 치료하던 상담전문가에서 나 자신을 치료하는 셀프 테라피스트가 되었다.

나와 비슷한 교통사고를 경험하고 5년, 7년, 10년째 두통과 어지럼증이 심해 아직도 치료 중인 사람들의 이야기도 전해 들었다. 나는 교통사고 이후 골(골은 두뇌의 순수한 우리말이다.)이 머리 안에서 빙빙 따로 돌아가는 어지러움과 기분 나쁜 묵직한 느낌을 주는 두통, 시도 때도 없이 경험하는 발작적인 메스꺼움으로 2년 반이란 고통스러운 시간을 보냈다.

이제 거의 완치되어가는 나는 푸드표현예술치료가 나처럼 뇌를 다친 사람에게 얼마나 효과가 있는지 나의 생생한 셀프 치유의 경험을 글을 통해 많은 독자들과 나누고 싶었다. 일상의 생활 속에서 늘 마주 대하는 음식과 함께 자신을 치유해 온 맛있는 힐링 밥상 이야기를 자랑하려고 한다. 즉 삶의 치유예술인 푸드 표현예술치료를 통해 내가 어떻게 나의 뇌를 보살피고 나의 트라우마와 불안을 스스로 자가 치료하였는지 나의 셀프 테라피의 경험을 나누고자 한다.

장현갑 박사(2009)는 그의 책 〈마음 vs 뇌〉에서 약 1.4kg 무게로 어른의 주먹만 한 크기인 뇌(Brain)가 우리의 몸과 마음에 얼마나 엄청난 영향을 미치는지에 대해 말하고 있다. 그는 상상은 실재라고 말한다. 최근 뇌과학의 급진적인 발전은 그동안 비밀에 싸여있던 두뇌에 대한 궁금증을 해결해 주고 있다. 신경생리과학자들이 말하는 것처럼 우리가 말하는 대로 우리의 몸이 반응하고 우리의 신경세포가 건강하게 잘 기능하도록 훈련할 수 있다면 우리 모두는 자신이 바라는 대로 건강하고 행복한 웰빙의 인생을 살아갈 수 있다고 본다.

사고 이후 나는 당연하게 했었던 일상의 기능 수행이 어려웠다. 내가 해야 할 첫 번째 일은 현실을 인정하고, 있는 그대로의 나를 받아들이는 것이었지만 이것은 나를 너무도 힘들게 했다. 말로 먹고사는 사람이었던 내가 말을 잘 할 수 없다는 것이 괴로웠다. 의사는 내게 사람들과 말하는 것을 금지시켰고 휴대전화를 압수하고 얌전히 누워 나의 뇌가 안정될 때까지 100일간을 조용히 지내라고 했다. 나는 사람의 생명을 유지하는 기본적 신진대사 활동인 잘 먹고 잘 자고 잘 배설하는 것이 쉽지 않았었다. 입맛을 잃어버렸고 잠을 깊이 잘 수 없었으며 배설 후 뒤처리하는 팔을 움직이는 것도 힘들었다.

교통사고는 내가 어린아이로 돌아가 모든 것을 처음부터 다시 훈련하고 익숙하게 되기까지 인내하는 것을 가르쳤다. 마치 내가 갓난아이로 돌아가 다시 어른으로 성장하는 과정을 재 경험하는 시간이었다.

왜 나에게 이런 일이 일어났을까? 지금에야 편안하게 말할 수 있지만 사고는 고통과 신비가 엇갈리는, 죽지 않을 만큼 나를 단련시키는 신의 한 수였다. 내 손으로 내 몸을 돌볼 수 있다는 것이 얼마나 감사한 일인지 새삼 깨달았다. 그동안은 간단한 신변처리는 당연한 일로 감사해야 할 이유가 없었다. 그러나 세상에 쉬운 일은 하나도 없으며, 나에게는 쉽고 단순한 것이 누군가에게는 어렵고 불편한 일이 될 수도 있다는 것을 알게 되었다. 사고의 교훈은 그동안 익숙했던 것들에 대한 나의 생각을 뒤집었다. 나에게 사고가 없었다면, 즉 멈추어진 시간 속에서 고통과 싸우는 시간이 없었다면 나는 장애우들과 소외된 약자들의 마음을 충분히 이해하지 못하고 죽었으리라. 안다는 것, 깨닫는 것이 얼마나 자기 주관적이고 편협적인 경험인지, 상대방과 같은 경험을 하였더라도 그것은 결코 같지 않음을 이제는 조금 알 것 같다.

사고의 교훈은 나를 상대방의 입장에서 한 번은 멈추고 생각하는 계기를 가져다주었다. 세상에 공짜는 없다고 했던가? 사고로 인한 값진 교훈 덕분에 '범사에 감사하라' 는 말이 다르게 다가왔다. 사고는 나에게 모든 것에 감사하고 또 감사하는 삶을 선물했다.

사고 후 2년 반이 지나고 조금 건강해지면서 나는 인생 4라운드를 설계하기 시작했다. 예전에는 나 자신에게 던지는 질문이 '무엇을 이루고 갈 것인가?' 였다면 이제는 '지금, 이 순간에 충실하며 무엇을 남기고 갈 것인가?' 를 사색하게 되었다. 그리고 새로운 삶에서 가장 먼저 시작한 것이 우리의 마음을 모아 〈10인 10색 마음요리〉 책을 공저로 출판하는 것이었다. '따로 또 함께' 하는 우리의 푸드표현 셀프 저널이 힐링 에세이로 만들어졌다. 이 글은 아마추어 작가들이 모여 진솔한 생활 속의 테라피를 적은 글이다. 많이 서툴고 어설프다. 그러나 이 모든 글에는 일상에서 건강하고 아름다운 삶을 사는 진솔하고 따뜻한 마음이 스며있다. 우리의 푸 · 놀 · 치('푸드표현 하고 놀면 즐거움이 치솟아요!') 셀프 테라피에는 읽는 이들의 삶에 공감을 주고 자신을 보듬고 사랑하는 데 도움이 되길 바라는 선생님들의 예쁜 마음이 담겨있다.

교통사고의 상처를 치유하는 내내 나는 살기 위한 푸드표현 셀프 코칭을 했다. 그냥 밥상을 대하는 것은 밥맛을 잃어 밥이 술술 넘어가지 않았다. 밥을 먹기 위한 푸드표현 활동을 하며 나는 나의 푸드작품에 긍정과 감사, 건강한 소망을 담아 꼭꼭 씹어 먹었다. 그리고 씹을 때마다 감사한 마음을 담았다.

숨이 잘 쉬어지니 감사합니다.
세수를 하며 몸을 돌볼 수 있어 감사합니다.
잠을 잘 잘 수 있어 감사합니다.
밤에 오줌을 참고 잘 수 있어 감사합니다.

좋은 사람들과 함께하니 감사합니다.

생각하는 것이 현실로 나타나니 감사합니다.

선한 영향력을 나누는 푸놀치전문가 공동체가

만들어지니 감사합니다.

〈따로 또 함께 출발〉

어느 날 지인이 준 가지 한 개가 식탁 위에 덩그러니 놓여 시들 어가는 것을 보며 문득 말려야겠다는 생각이 들었다. 그래서 가지를 썰어 말리다 나도 모르게 감사하는 지금 이 순간의 마음을 담아 표현해보았다. 나는 감사를 드리는 기도의 마음을 담아 푸드표현을 시작했다. 의학박사 래리 도시는 〈치료하는 기도〉에서 기도는 지금 이 순간 시행되나 미래에 영향을 주며 신과 소통하는 도구라고 하였다. 나는 지난 3년이란 긴 침묵의 시간 속에서도 잘 버텨온 자신을 생각하며 온전하고 건강한 몸과 마음을 소망하는 기도의 마음을 작품에 담았다. 나의 깊은 마음속 소원이 담긴 기도, 푸드표현을 하는 나를 내려다보며 아마도 신은 이미 내 마음속을 훤히 알고 계시지 않았을까 싶다. 정신생리학자인 진 액터버그(1985)는 심상(Imagery)에 대해 정의 중 최고의 하나를 내렸다.

"심상은 언어를 사용하지 않고 생각하는 것이다."

40여 년간 표현예술치료 대학원에서 학생들을 지도한 숀 맥니프 교수는 예술표현의 상상을 통한 이미지는 정신과 영혼을 치유하는 힘이 있다고 하였다. 또한 표현예술에서 이미지(심상)는 질병을 치료하는 의학적인 효과가 있으며, 몸과 정신의 치료에 필요한 약을 처방하는 것과 같은 효과가 있다고 하였다. 숀 맥니프 교수의 말처럼 심상(이미지)은 표현을 통해 창조적이고 본능적인 자기성찰의 치유 효과를 가져올 뿐 아니라 사회적 관계를 증진시킬 수 있다(1992). 김민용(2019)은 음식(Food) 매체를 활용하여 오감을 자극하는 푸드표현활동은, 시지각과 촉지각, 두뇌의 협응작용을 통해 심상(이미지)을 만들어 내고 무의식을 의식화하며 자신을 성찰하고 통합시키는 일상의 치유예술이라고 하였다.

만 3여 년의 멈추었던 시간 동안 나는 사람들과의 접촉은 최소한으로 줄였다. 그로 인해 나 자신에게만 주어진 덤과 같은 시간 동안 셀프 테라피를 통해 자신을 만났고, 내 안의 아름다운 우주를 만났으며, 자연과 하나 되는 시간을 가질 수 있었다. 이런 과정은 나에게 치유라는 놀라운 선물을 주었다. 나아가 푸드표현예술치료가 삶의 치유예술로서 일상에서 밥상을 마주하는 사람들에게 건강하고 아름다운 생활을 선물할 수 있다는 확신을 가지게 되었다.

이제 우리는 코로나19라는 불청객을 통해 공존을 위해 서로 존중하고 배려하며 함께해야 우리 자손이 잘 살아갈 수 있다는 값진 교훈을 배웠다. 나 또한 앞으로 더 건강하고 활기찬 삶을 위해 남은 인생, 무엇을 남기고 갈 것인지, 더불어 함께 잘 사는 유익한 삶은 무엇인지 알기 위한 나의 인생 여정을 시작하려 한다. 교통사고 후 달라지고 있는 내 인생의 시간 여행. 나는 여전히 작은 것에 마음 쓰고 감정의 기복이 많은 사람이다. 그러나 어제보다는 나아진 오늘을 살려고 노력하며 다른 사람을 존중하고 함께 선한 마음을 나누려는 지금 그대로의 내가 참 좋다. 나에게는 나를 초월한 더 큰 의미와 가치를 가슴에 새기는 기적과 같은 값진 시간들이 다가오고 있다고 믿는다.

가지를 썰어 말리다 우연히 시작된 내 안의 기도. 손끝에서 시작된 푸드표현 활동은 세상과 내가 하나가 되고 우주가 하나가 되는 듯한 신비한 체험을 내게 선물해 주었다. 세상의 평화가 모두 내게로 온 듯 온전한 평화로움을 느끼는 기분 좋은 체험이었다. 붙어있는 가지 조각들을 펼치기 위해 손을 움직이던 순간 어느새 생각도 사라지고 나도 사라졌다. 오직 고요만이 존재했

〈가지 부부와 함께〉

다. 그리고 우주와 내가 하나로 합체가 된 듯 평화로운 순간이
었다. 태초에 신이 세상을 창조하고 창조의 신비를 음미하며 안
식일을 누리는 그 고요와 평화가 찾아왔다. 자신만의 온전한 쉼
과 깨달음 속에 마치 내가 창조주와 연결된 듯 느껴지는 시간이

〈어느새 나는 사라지고 우리 모두를 위한 기도〉

었다. 말로는 다 표현할 수 없는 그 무엇인가가 열린 듯한 창조의 순간이 나는 참 좋다. 전과는 다른 일상이다. 지금도 사고 후 유증으로 힘들고 빨리 지치지만 매일 푸드표현하고 놀며 즐거움이 치솟는 나만의 푸·놀·치 시간을 갖는다. 푸·놀·치 하며 나는 고요와 침묵 속에서 나를 만난다. 나는 이런 내가 그냥 참 좋다.

아직 온전하고 건강하게 기능하는 사람은 아니지만 매 순간 새롭게 변화하려 노력하는 지금 이 순간의 나를 나는 존중하고 사랑한다. 그리고 매일 밥상을 마주하며 삶의 치유예술 푸드표현 활동을 통해서 사람들과 소통하고 선한 영향력을 나누려 애(愛)쓰는 내가 그냥 좋다. 오늘도 나는 푸 · 놀 · 치를 한다.

〈따로 또 함께 그 자리에서〉

참고도서

1장 | 김민용

에크하르트 톨레, 〈삶으로 다시 떠오르기〉, 류시화 옮김, 연금술사(2013).

3장 | 강민주

강민주, '푸드표현예술치료가 중년 여성의 회복탄력성에 미치는

현상학적 연구'(2021).

권석만, 〈이상심리학 총론〉, 학지사(2016).

Dyer, J. G., & McGuinness, T. M. (1996).

Resilience: Analysis of the concept.

Archives of Psychiatric Nursing, 10(5), 276-282

Gu, Q., & Day, C. (2007). Teachers resilience: A necessary condition

for effectiveness. Teaching and Teacher Education, 23,

1302-1316.

김주환, 〈회복탄력성: 시련을 행운으로 바꾸는 유쾌한 비밀〉,

위즈덤하우스(2011).

Argyle, M. (2001). The Psychology of Happiness, New York :
　　　Routledge Press.

Diener, Ed. & Seligman, M. E. P. (2002). Very Happy People.
　　　Psychological Science, 13(1), 81-84.

Adler, M. G., & Fagley, N. S.(2005). Appreciation: Individual
　　　differences in finding value and meaning as a unique
　　　predictor of subjective well-being. Journal of personality,
　　　73(1), 79-114.

Fredrickson, B. L.(2001). The Role of Positive Emotions in Positive
　　　Psychology. American Psychologist, 56, 218-226

오프라 윈프리, 〈내가 확실히 아는 것들〉, 북하우스(2014).

5장 | 이경숙

김민용, 김지유, 〈푸드표현예술치료의 이해와 실제〉, 양서원(2011).

김민용, 김지유, 〈건강하고 맛있는 창의융합 푸드표현예술치료〉,
　　　창지사(2019).

김인자, 〈현실요법과 선택이론〉, 한국심리상담연구소(2012).

권석만, 〈긍정심리학〉, 학지사(2014).

발터토만, 〈가족상담과 형제자리〉. 경남가족상담연구소(2009).

엄용태, 〈누구나 쉽게 할 수 있는 약초 약재 300 동의보감〉,

중앙생활사(2017).

이경숙, 〈푸드표현예술치료가 관계과몰입에 미치는 효과〉,

경상대학교 대학원, 석사학위논문(2017).

오남경, 이영순, 〈유기불안과 대인관계의 문제의 관계〉,

교육치료연구7(3)(2015), p.353-355.

7장 | 최진태

정혜선, 〈당신이 옳다〉, 해냄(2018).

버지니어 사티어, 〈사람만들기〉, 홍익재(2002).

존 백맨, 〈버지니어 사티어의 명상록〉, 김영애가족치료연구소(2008).

크리스틴 네프, 크리스도퍼 거머, 〈나를 사랑하기로 했습니다〉,

이너북스(2020).

8장 | 한연희

최성애, 존 가트맨, 〈내 아이를 위한 감정코칭〉, 해냄(2020).

9장 | 한은혜

경향신문기획, 〈심리톡톡 나를 만나는 시간〉, 해냄(2015).

니컬러스 크리스태기스, 제임스 파울러, 〈행복은 전염된다(Connected)〉,

　　김영사(2010).

아놀드 쿠퍼, 〈현대정신분석학〉, 지혜와사랑(2019).

알프레드 아들러, 〈아들러 심리학 입문〉, 스타북스(2015).

이부영, 〈분석심리학〉, 일조각(2006).

존 가트맨, 줄리 슈워츠 가트맨, 더글러스 에이브럼스, 레이철 칼턴 에이브럼스 저,

　　〈우리가 사랑할 때 물어야 할 여덟 가지〉, 해냄(2021).

마치는 글 | 김지유

김민용, 김지유, 〈창의융합 맛있는 치료 푸드표현예술치료〉, 창지사(2019).

래리 도시, 〈치료하는 기도〉, 바람(2008).

장현갑, 〈마음 vs 뇌〉, 불광(2009).

Jeannne Achterberg(1985). Imagery in Healing Boston:

　　Shambhala Books.

McNiff, S.(1992). Art as medicine: Creating a therapy of

　　the imagination. Boston: Shambhala Books.

10인 10색 마음요리

초판인쇄	2021년 12월 16일
초판발행	2021년 12월 22일

지은이	한국푸드표현예술치료협회 전문가 편
발행인	조현수
펴낸곳	도서출판 더로드
마케팅	최관호
IT 마케팅	조용재
교정교열	강상희
디자인 디렉터	오종국 Design CREO

ADD	경기도 고양시 일산동구 백석2동 1301-2
	넥스빌오피스텔 704호
전화	031-925-5366~7
팩스	031-925-5368
이메일	provence70@naver.com
등록번호	제2015-000135호
등록	2015년 06월 18일

정가 17,000원
ISBN 979-11-6338-198-3 03810

〈10인 10색의 마음요리〉는

삶 속에 녹아난

우리들 각자의 이야기이자

함께 하는

공통의 이야기이다.